Research on Legal Protection of Personality Rights
and Interests of Children in Distress

困境儿童人格权益的
法律保护研究

李洪波 著

中国社会科学出版社

图书在版编目（CIP）数据

困境儿童人格权益的法律保护研究／李洪波著. —北京：
中国社会科学出版社，2021.9
ISBN 978 - 7 - 5203 - 8703 - 3

Ⅰ.①困… Ⅱ.①李… Ⅲ.①儿童—人格—权利—
未成年人保护法—研究—中国 Ⅳ.①D922.183.4

中国版本图书馆 CIP 数据核字（2021）第 136659 号

出 版 人	赵剑英
责任编辑	许　琳
责任校对	鲁　明
责任印制	郝美娜

出　　版	中国社会科学出版社
社　　址	北京鼓楼西大街甲 158 号
邮　　编	100720
网　　址	http://www.csspw.cn
发 行 部	010 - 84083685
门 市 部	010 - 84029450
经　　销	新华书店及其他书店

印刷装订	北京市十月印刷有限公司
版　　次	2021 年 9 月第 1 版
印　　次	2021 年 9 月第 1 次印刷

开　　本	710×1000　1/16
印　　张	14.5
字　　数	201 千字
定　　价	88.00 元

目　　录

绪　　论

2021 年 1 月 1 日开始实施的《中华人民共和国民法典》（以下简称《民法典》）"人格权编"第 747 条规定："民事主体的人格权受法律保护。除本编规定的人格权外，自然人享有基于人身自由、人格尊严产生的其他人格权益"。党的十八届四中全会提出实现公民权利保障法治化，人格权益保护成为时代主题，作为民法典开篇的"总则篇"，提升了人身权的地位与保护水平，开篇提出自然人的人身自由和人格尊严受法律保护，设定隐私权保护条款，将个人信息权确定为法定权利，体现对人的尊严和价值的尊重。民法典加大了对儿童权益的保护力度，尤其是关于自然人限制民事行为能力年龄下限标准、监护人资格的撤销与恢复等条款的规定，更有利于保护儿童合法权益，实现了人格权从受保护到确权的实践转换。《民法典》加强了对特殊群体的民法保护，根据儿童心智水平和发育状况普遍提升的社会实际，将限制民事行为能力年龄从 10 周岁降为 8 周岁。儿童是人类的未来，困境儿童的生存和发展状态决定着社会的安定，对困境儿童基于尊严的人格权益保护是法治精神浸润儿童心灵的开始。最好的法律保护是和谐的法治环境、安定的生活和法治教育。《礼记·学记》开宗明义，"如欲化民成俗，其必由学"。当前，关于困境儿童人格权益保护的社会环境还需要进一步完善，在建设法治国家的进程中，部分家长、老师甚至是法学研究者还存在忽略儿童存在的倾向，事实上，围绕儿童的法治精神与法律意识直接决定了一个社会的法律样态，而这正是法治社会建构的根基。

一　选题背景和意义

（一）选题背景

1. 儿童权利逐渐被各国关注

评价一国儿童权利的发展状况，不能仅仅考察该国儿童权利立法是否完备，还要关注儿童权利的现实享有，注重儿童法律权利的真正落实。联合国大会 1989 年通过的《儿童权利公约》以儿童的最大利益为核心，倡导非歧视、儿童参与和儿童最大限度的生存与发展等基本原则。儿童权益保护的最大问题是对家庭不利遮蔽之下的困境儿童的权利保护，最大的困难是法律的实效性问题，也即法律的操作性和实施保障。困境儿童人格权益的实现取决于权利相对方义务的履行，即来自家庭的守法与尽责、来自学校的守法与尽责、来自政府的守法与尽责、来自社会的守法与尽责。

儿童权益法律保护的发展路径在各个国家的走向基本一致，即从对儿童应有权利的认知到通过法律确权再到以尊重、保护的方式实现的过程。"确权"的过程相对容易，但从法律权利向现实权利的转化是各国面临的共同难题。19 世纪，研究者对儿童抚育权即儿童获得基本的照料和免受伤害剥削的权利的集中关注引起了立法上的改变，具体表现为义务教育的普及和对童工的禁止。20 世纪上半叶，众多研究者对儿童附属于父母这一现象进行抨击，主张他们是像成人一样拥有相同权利的权利主体，儿童不但拥有被抚育权，更重要的是他们拥有参与权和自主决定权。从 1924 年的《日内瓦儿童权利宣言》到 1959 年的《联合国儿童权利宣言》，再到 1989 年的《儿童权利公约》，西方社会对儿童权利的认识从单纯的人道主义保护发展到儿童是需要特殊保护的权利主体，理论与实践关注的焦点也从受保护权转移到儿童的参与权和自主权。① 在这一过程中，能够看到法律是改变儿童境遇的有效途径。儿童从家庭的附庸品、成人的支配物，到"潜在的成年人"，再到被认为是"人类社会最有价值"同时也是最脆弱的分子，儿童的地位在道德和法律的范畴上都不断获得改变和提高。《执行九十年代〈儿童生存、保护和发展世界宣言〉行动计划》指出："今天的儿童就是明日世界的公民，因而他们的生存、保护与发展是人类未来发展的先决条件。"人类未来的发展是以和平与安定为前提的，权利的剥夺和对立必然带给社会动荡和纷争，童年时期的境遇直接影响了一个人对社会的认识和态度。困境儿童人格权益法律保护研究的目的，就在于完善国家的法律和法规，营造最适于儿童发展的社会环境，助力困境家庭，明确监护人责任，提升儿童自身的法律意识和保护自己的能力。关爱和满足儿童在生存和发展上的需要，通过事前防范和事后干预等多种措施帮助儿童在其人生发展的关键时期避免遭到干扰和侵害，实现儿童利益的最大化。

2. 侵害儿童人格权益的恶性事件挑战了社会道德底线

儿童的生命权、健康权、荣誉权、名誉权以及信息权、隐私权等人格权利逐步被各国法律所认可，但是现实中侵犯儿童人格权益的事件屡见不鲜，儿童的人身自由和人格尊严遭到漠视，困境儿童的生命健康权、名誉权和隐私权得不到保障，困境儿童依法维护自身权益的意识淡薄。近年来，因家庭监护不当、监护失职导致的儿童权益遭受严重侵害的恶性事件屡屡发生，"海南万宁小学校长开房事件""安

---

① 宫秀丽：《从受保护权利到自主权利——西方儿童权利研究的理念与实践》，《青少年犯罪问题》2016 年第 2 期。

徽潜山小学校长性侵案"① 等校园性侵案被媒体曝光后，社会舆论哗然，以留守儿童为代表的困境儿童所遭遇的生存危机和"熟人侵害"，使困境儿童人格权益的法律保护从一个法学问题上升为社会要求必须做出回应的焦点问题。"困境儿童分类保障制度"不能够有效落实，仅仅依靠刑法对侵害儿童权益的行为进行遏制，常常使得儿童的人格权益保障被忽视和轻视，使儿童陷入不可弥补的恶性案件才能得到法律救济的窘境。为了避免困境儿童的生存和发展陷入"风险困境"和"事实困境"，党的十九届四中全会审议通过的《中共中央关于坚持和完善中国特色社会主义制度推进国家治理体系和治理能力现代化若干重大问题的决定》将"法治思维"和"应对风险"结合起来，即依据规则进行风险治理，防范化解矛盾。侵害儿童人格权益的恶性事件发生在家庭和学校这样的儿童生活空间，是对社会道德底线的挑战，是需要国家通过良法善治和社会道德建设共同应对的风险。

3. 儿童法律保护条款的碎片化使得困境儿童人格权益保护意识淡薄

习近平总书记强调，"全社会都要关心少年儿童成长，支持少年儿童工作。对损害少年儿童权益、破坏少年儿童身心健康的言行，要坚决防止和依法打击"。我国在保护儿童权益方面做出了积极而有成效的努力：2001 年签署了联合国《儿童权利公约》制定、修订了《未成年人保护法》《义务教育法》《预防未成年人犯罪法》等法律；出台了《关于依法惩治性侵害未成年人犯罪的意见》《关于依法处理监护人侵害未成年人权益行为若干问题的意见》《关于防治中小学生欺凌和暴力的指导意见》等规范性指导文件；特别是我国《国民经

---

① 《安徽潜山小学校长 12 年性侵 9 女童，多在办公室作案》《郑州晚报》2013年 5 月 16 日第 3 版。

济和社会发展十二五规划纲要》专门设立了"保护儿童优先发展"一节；国务院颁布《中国儿童发展纲要（2011—2020年）》；各级政府未成年人保护机构不断完善。《中共中央关于全面深化改革若干重大问题的决定》提出"建立更加公平可持续的社会保障制度"，健全农村留守儿童等弱势群体的权益保障和"困境儿童分类保障制度"。保障所有儿童的生存权、发展权、受保护权和参与权，最大限度保障未成年人健康成长是"最大的民生"。2016年6月，国务院《关于加强困境儿童保障工作的意见》指出，为困境儿童营造安全无虞、生活无忧、充满关爱、健康发展的成长环境，是家庭、政府和社会的共同责任。我国关于儿童权益保护的法律法规内容比较丰富，但是尚未形成以《未成年人保护法》为核心的、相互配套的儿童保护体系，相关规定呈现"碎片化"。《未成年人保护法》关于家庭保护、学校保护、社会保护和司法保护的规定常常被"私了化"，困境儿童遭遇的监护侵害、校园暴力以及其他毁损健康、名誉、隐私等利益的侵害常常被忽视，导致社会尊重儿童人格权益的法治精神和法律意识淡薄。

当前，"未成年人健康成长法治保障"作为法学和教育界专家共同关心的问题，未成年人法律法规的修改、校园安全立法、家庭教育立法、中小学教师教育惩戒规则、困境儿童救助保护等问题成为热点。加强儿童人格权益保护、预防未成年人犯罪成为法学研究和社会管理的一项重要任务。加强儿童人格权益法律保护生态建设，不断提升儿童人格权益法律保护的实效性的过程中，当前最为迫切的是对现行未成年人法律法规进行系统梳理，发现新情况新问题，及时调整法律规范，运用法律思维、法治思维和法理思维解决由困境儿童权益侵害反映出的未成年人法治保障中存在的问题。未成年人的健康成长涉及民事关系、儿童福利、教育、医疗卫生、劳动和职业培训、少年司法等许多领域，需要在总结地方立法、部门立法经验、制度创新成果，吸收法治发达国家先进成果的基础上，构建符合中国国情的未成年人法律体系，打破"软法"瓶颈，发挥作为社会法的儿童权益保护法效能和民法、刑法、行政法协同保障困境儿童人格利益。

4.《中华人民共和国民法典》人格权独立成编

2014 年 10 月，党的十八届四中全会决定提出编纂民法典这一重大立法任务。此后，我国民法典编纂采取"两步走"：第一步出台"民法总则"，第二步编纂民法典各分编，并将修改完善的各分编草案同民法总则合并为完整的民法典草案，由全国人大常委会提请全国人民代表大会审议。2017 年 3 月《民法总则》正式实施，2018 年 8 月，民法典 6 个分编草案首次提请十三届全国人大常委会第五次会议审议，即物权编、合同编、人格权编、婚姻家庭编、继承编、侵权责任编，共 1034 条。2020 年 5 月 28 日，十三届全国人大三次会议审议通过了《民法典》。《民法典》是我国首部"法典"，也是各国民法典中第一个使"人格权独立成编"的民法典。民法典的编纂转变了民事法律活动规范"碎片化"的局面，使得"从出生到坟墓"的行为都得到了保障和规范。2021 年 1 月 1 日《民法典》正式实施，它作为一个人各种"生活"的平衡器，通过"监护""人格权""婚姻家庭""继承"的规范及"侵权责任"的认定，体系化地为每个人提供行为指引和规则指导，保障人们按照"行为规则的要求去生活"。在法治范畴内，"生活"是一个价值概念，意味着美好生活。① 民法典勾勒了新时代美好生活的图景，即有尊严的生活、自由的生活、自在的生活、安全的生活、清洁的生活、脱离贫困和无知的生活、有序而和谐的生活。美好生活离不开法律和美德的引导，民法典既回应社会生活需要，又以其规范、指引、评价、教育功能引领社会生活方向、塑造社会文明风尚、促进社会和谐稳定，以多元化方式定分止

① 郭晔：《中国民法典的法理定位》，《东方法学》2020 年第 6 期。

争、化解矛盾、维护稳定、惩恶扬善，成为美好社会生活的勾勒者、计划者、引领者。为困境儿童权益的法律保护提供了研究路径。

（二）研究意义

1. 从法律实效的角度讨论儿童利益的最大化问题

"法律公布后，民众的社会生活即成为'法律生活'"[①]。在立法和司法对人格权益保护日益进步的今天，人们看到的人格权益保护仍然是以成人为核心，而作为家庭附属的儿童的人格权益保护，还没有被重视。特别是同龄人间的欺凌对人格权益的侵害让我们对儿童权益保护的研究成为必要。我们一直以为儿童作为人类中的"弱势"方，他们的不利和侵害主要来源于成人，然而，校园欺凌和暴力被曝光以后，我们发现在儿童之间已然存在"欺凌者"和"被欺凌者"，前者不能通过惩治犯罪来约束，但却是儿童侵害的重要方面，《预防未成年人犯罪法》需要完善，《未成年人保护法》不应当成为"保护未成年人犯罪法"，在儿童权利保护中，免受同龄人的不法侵害应当成为法学界关注的问题。本书提出以"法治生态提升困境儿童人格权益法律保护实效"，对《未成年人保护法》宣告式的条文修订提出加大"侵权责任"追究的建议，对民法典婚姻家庭编提出"提升儿童在婚姻家庭法中的主体地位"的建议，借鉴别国儿童监护制度对我国困境儿童国家监护制度提出建议。

2. 顺应民法对弱势人群的特殊保护要求

联合国《关于儿童问题特别会议的后续行动》中强调"未来社会的品质和繁荣取决于当今儿童权利的实现程度"，儿童的福利经历了从被否定或漠视，到被承认是"社会福利中最重要一环"的发展过程。"民法本质上是人法，民法的终极价值是对人的关爱，最高目

---

① 谢鸿飞：《〈民法典〉制度革新的三个维度：世界、中国和时代》，《法制与社会发展》2020年第4期。

标是服务于人的尊严和人的发展。"① 儿童在获得抚育权之后，对于其作为人的尊严保护应当提到一个更高的位置，自主权也应当成为民法保护的内容。从《民法典》总则的体系结构来看，其关于民事主体、民事权利、民事义务的规则设计也都是以人为中心而展开的，它宣示对弱势群体的特殊保护、降低限制民事行为能力的年龄标准，规定了成年监护制度以有效应对老龄社会的现实需要等，都体现了人文关怀的精神。② 根据儿童成长关键期理论，侵权法的事后救济很难恢复儿童人格权益的原貌，为此，在明确侵权责任的同时，需要关注非诉讼方式，重点讨论人格权请求权在儿童人格权益保护中的意义。从理念上看，"权利保护"为民法典的灵魂。法国启蒙思想家孟德斯鸠曾说"在民法的慈母般的眼里，每一个个人就是整个的国家"，③ 表明民法典对每个人的权利关怀都是无微不至的。我国《民法典》第1条开宗明义宣告了"保护民事主体的合法权益"的立法宗旨，为整部民法典确立了尊重和保障人权，依法保护人民人身权、人格权、财产权、生存权、发展权等的总目标。我国社会主要矛盾已经转化为"人民日益增长的美好生活需要和不平衡不充分的发展之间的矛盾"，这一矛盾的解决必须从对人的关爱和对人的尊重开始，人格权益保护的意识应该从儿童开始。

二 文献综述

（一）国外关于儿童人格权益的相关研究

19世纪，研究者们关于儿童抚育权的研究和解释，为儿童获得基本照料、免受伤害剥削的权利奠定了基础。反映在社会现实中，体

---

① 王利明：《民法总则彰显时代精神》，《检察日报》2017年3月21日第03版。
② 王利明：《民法总则彰显时代精神》，《检察日报》2017年3月21日第03版。
③ ［法］孟德斯鸠：《论法的精神》，张雁深译，商务印书馆1961年版，第212页。

现为义务教育制度的确立和对雇佣童工的禁止。20 世纪上半叶，众多研究者对儿童附属于父母这一现象进行抨击，认为把儿童权利单纯解读为成人的保护责任，忽略了儿童的主体地位，易致儿童权利落空，因此，不仅不能干扰、阻挠或者侵害儿童的发展，而且还要提供和创造必要条件以帮助儿童实现发展。① 从 1924 年的日内瓦《儿童权利宣言》到 1959 年的联合国《儿童权利宣言》，再到 1989 年的《儿童权利公约》，西方社会对儿童权利的认识从单纯的"人道主义保护"发展到"儿童是需要特殊保护的权利主体"，理论与实践关注的焦点也从受保护权转移到儿童的参与权和自主权。马斯洛需要层次理论认为人的需求是由低级向高级不断发展的：首先是生存的需要，包括生理的需要和安全的需要，在这两者得到满足的前提之下才是归属的需要、尊重的需要和自我实现的需要。《儿童权利公约》中赋予了儿童 4 个方面的权利：生存的权利、发展的权利、受保护的权利和参与的权利。生存的权利包括生活起居需要的基本健全和安全的基本保障；发展的权利主要是良好的政治、经济、文化环境下的儿童全面发展的权利，它以受教育权的获得为基础；受保护的权利涵盖了免虐待、免侵犯、优先被照顾等方面；参与权给予儿童与成人同等的民事权利能力，在有关自己切身利益的事务中，依据心智能力参与意见。身体伤害、名誉损害及隐私侵犯对儿童幼弱的身体和心理会造成影响一生的伤害。近 30 年来，在《儿童权利公约》框架下，国外研究者对儿童权利问题的探讨更加深入，将关注的焦点从儿童的受保护权利转移到儿童的自主权利。面对"抚育权"与"自主权"的权利冲突，在更具体细微的情境中探讨儿童权利的本质。②

---

① 王本余：《儿童权利的基本价值：一种教育哲学的视角》，《南京社会科学》2008 年第 12 期。
② 宫秀丽：《从受保护权利到自主权利——西方儿童权利研究的理念与实践》，《青少年犯罪问题》2016 年第 2 期。

1. 关于儿童权利合法性的探讨

在儿童权利是否应当独立研究的问题上，国外学者存在争议，形成了"保护论"与"解放论"之争，讨论儿童权利属于受保护权还是自主权。法森和霍尔特是"解放论"的代表人物，呼吁儿童应当和成人拥有同样权利。施拉格（Schrag）和史卡瑞（Scarre）作为"保护论"的代表反对"解放论"的"儿童与成人拥有同样权利"的主张，他们强调能力成熟的意义与能力作为权利门槛的重要性。调和两者的观点，布伦南和诺格尔提出儿童道德地位的 3 种主张："儿童应受到与成人同样的道德考虑，他们需要有别于成人的对待，儿童的父母应当有有限的权威来指导他们的成长。"[1] 菲尔麦命题为讨论民法屈从关系提供了依据，为分析父母与子女之间的权利冲突提供了理论论证。[2] 这一命题的核心是亲子天然不平等论，监护人与被监护人之间的关系属于典型的亲子类屈从关系。在英美大监护条件下，监护关系本身就包括作为最典型屈从关系的亲子关系。但监护人不具有对被监护人的经济利用权和惩戒权，主要承担管理被监护人财产的职责，这是单纯的义务，但两者在命令与支配的属性上一致，故亲子关系不平等，监护关系自然也不平等。我国学者徐国栋把亲子关系和从属劳动关系放在一起分析两者在法律调整中的共同特点，认为它们"都是国家的人力资源为私人掌控的形式"，私人如何"掌控"这些"人力资源"，影响国家的利益；"双方当事人强弱失衡，弱的一方凭自己的力量不足以维护自己的利益，因此需要国家的保护性干预"。他列举 1837 年普鲁士制定《禁止童工条例》的背景，即由于工业化

---

[1] Samantha Brennan, Robert Noggle, "The Moral Status of Children: Children's Rights, Parents' Rights, and Family Justice," *Social Theory and Practice*, 1997, 23 (1), p. 2.

[2] 徐国栋：《论民事屈从关系——以菲尔麦命题为中心》，《中国法学》2011 年第 5 期。

地区广泛采用童工，导致青年健康状况恶化，国家无法征召健康青年入伍，影响了国家安全，于是普鲁士制定法律限制使用童工。所以，屈从关系调整的特点是国家的干预因素多，甚至作为法律关系的一方，以防止强势的一方当事人滥用其优势地位。就亲子关系的三角性而言，它是自然父母、国家父亲和子女的三方关系，前两者为积极主体，后者为消极主体。前者享有的是自然亲权，中者享有的是国家亲权。① 这些研究成果为本书提出"困境儿童是国家的孩子"的主张，及在此基础上将"国家监护"作为社会保护重要环节奠定了基础。

2. 关于儿童权利内容的讨论

美国学者派伊（Anthony Ian Pye）在其博士论文《儿童权利哲学》中专门探讨了儿童权利的基本内涵，认为受保护权与自由权是相互制约，但不相互排斥。为此，他提出了一种综合儿童权利理论，以便可以将自主行为和受保护行为视为同一基本权利的组成部分。② 这一思想与英国学者罗杰斯（Rogers）不谋而合，罗杰斯认为儿童权利由自主权与受抚养权两部分构成。无论是派伊的受保护权还是罗杰斯的受抚养权，都强调了儿童权利的积极性，即需要义务主体的积极作为，为儿童提供安宁的生活和健康照顾，满足儿童的受保护和供养需求。受保护权包括获得适当住房权、免受虐待权及获得充足营养权等权利。至于自主权则强调了儿童与成人平等的权利主体地位，作为生存权的扩展，自主权是发展权一部分，包括受教育权、参与权等等。桑德拉·梅森（Sandra Prunella Mason）对儿童受教育权进行了研究;③ 出生于荷兰的加拿大学者马克斯·范梅南（Max van Manen）

———————

① 徐国栋:《普通法中的国家亲权制度及其罗马法根源》，《甘肃社会科学》2010 年第 1 期。

② Anthony Ian Pye, A Philosophy of Children's Rights, PH. D. Columbia University, 1980.

③ Sandra Prunella Mason, "Children's Rights in Education", *Prospects*, 29 (2), 1999, p. 184-185.

与荷兰学者巴斯·莱维林合著的《儿童的秘密：秘密、隐私和自我的重新认识》，① 从儿童社会性和心理发展的角度对儿童的秘密、隐私和自我进行了重新认识。秘密是儿童的自我意识萌芽的一个典型标志，"当儿童不再把某些感觉告诉别人的时候，他们第一次体会到了秘密的神奇的分隔力。"儿童的秘密来自于儿童社会性的生存本能，家长与儿童的关系不仅是法律上的监护与抚养关系，更是一种人际关系。如同权利与自由之间的关系那样，人际关系的分寸在于"适当的距离"。作者浅显地揭示了儿童隐私权与成人监护权、指导权之间的人格利益冲突根源：成人世界太复杂，孩子们又太弱小，家长对孩子的世界做适度的介入是非常有必要的，只是不要急于去"揭晓"儿童的秘密，尊重儿童的发展规律和个人空间不过度介入，关心但不窥探，帮助但不挟以控制。

3. 人格权益与儿童人格权益

对人权的维护在第二次世界大战之后获得普遍认同。《世界人权宣言》《经济、社会和文化权利国际公约》和《公民和政治权利国际公约》被称为"三大人权宪章"，其中许多规则涉及人格权的保护，如《世界人权宣言》第 12 条规定："任何人的私生活、家庭、住宅和通信不得任意干涉，他的荣誉和名誉不得加以攻击。人人有权享受法律的保护，以免受这种干涉或攻击。"人格权益的保护主要有两种模式：一种是通过侵权法的规则对人格权提供消极保护，而不在法律上详细规定人格权的具体类型，以《法国民法典》《德国民法典》为代表；另一种对人格权进行积极保护，通过立法正面确认民事主体人格权的具体类型，以《瑞士民法典》为代表。② 人格利益在基尔克那

---

① ［加］马克思·范梅南、［荷］巴斯·莱维林：《儿童的秘密—秘密、隐私和自我的重新认识》，陈慧黠等译，教育科学出版社 2014 年版。

② 薛军：《人格权的两种基本理论模式与中国的人格权立法》，《法商研究》2004 年第 4 期。

里不仅获得了具体的描述和类型化，《德国私法》被欧洲法学者誉为现代人格权基础理论的奠基之作，人们找到了一个人格利益区别于财产利益的决定性因素：精神性价值。同一时期，英美法系学说也开始了人格利益独立化的工作。美国学者萨缪尔·沃伦（Samuel Warren）和路易斯·布兰代斯（Louis Brandeis）在 1890 年《哈佛法学评论》上发表了《论隐私权》一文。他们指出："文明的进步带来了日益强烈的智力和情感生活以及更加敏锐的感官，这使人们意识到，生活中仅有一部分痛苦、快乐和利益是有形的。思想、情感和知觉需要法律的保护。"他们不仅从生命、名誉授权的判例中发现了精神利益以及保护精神利益的规则，更为重要的是，他们从已有的财产侵权、版权侵权判例分析中指出精神利益实际已由普通法保护的依据，并且指出通过"默示契约"或"诚信原则条款"来保护精神利益的不足。一些研究者从儿童权利主体的特殊性出发，将儿童权利解读为国家、政府、社会、成人为儿童提供的保护责任。M. S. 瓦尔德将儿童权利获得充分的健康照顾或享有安全社区界定为保护责任，而不是由孩子掌控的权利。① 在他们看来，儿童是缺乏自由意志的个体，就算是赋予其权利，对他来讲也是无意义的，因为他无法通过自己的自由意志将上述法律变为自己的法律。所以，可以通过为他人设定义务的方式保护儿童的利益。20 世纪 50 年代后，尊重与保护人的自由和尊严成为共识，各国大多通过在民法典中增加人格权保护条款，或者在司法裁判中创造性地运用相关法律规则，以强化对人格权的保护。

（二）国内研究现状

关于人格权益的研究远远超越了民法学研究的领域，它涉及法哲学、法史学、伦理学、社会学心理学等多个学科。② "编纂民法典"

---

① Wald, M. S., *Children's rights: A framework for analysis*. In B. Landau（Ed.），*Children's rights in the practise of family law*. Toronto, Canada: Carswell, 1986, pp. 3-27.

② 马俊驹：《人格和人格权理论讲稿》，法律出版社 2009 年版，第 1 页。

在中共十八届四中全会《决议》中被提出之后，人格权的制度设计即成为民法学界热议的课题之一。研究的焦点主要有三个，即人格权制度是否独立成编、人格权是否法定、一般人格权制度是否必要。① 2017 年 3 月通过的《民法总则》是民法典的开篇，决定着我国民事法律规范的基本框架，其中关于胎儿权益、国家监护的规定以及正式确立的隐私权的法律地位。显见，人格权作为民事权利类型的一种，其相对独立性受到了认可。王利明教授主张，通过人格权法"独立成编"来实现维护人格尊严和全面保护人格权的需要，以弥补合同编不能解决人格权利用问题和侵权责任编无法解决人格权保护问题所存在的制度上的疏失。②

1. 延续民法良好传统对特殊主体人格权做出规定

杨立新教授在《对民法典规定人格权法重大争论的理性思考》一文中，强调应当理性地对待人格权法立法问题，使之在民法典编纂中，沿着《民法总则》开创的人格权立法方向，继续加强人格权立法，加大人格权保护力度，尊重人，尊重人格尊严，③ 进而使国家更加文明、社会更加进步。石佳友在分析人权与人格权关系后，认为用传统侵权法来保护人格权的模式难以有效应对当代挑战，需要强调人格权与人权之间的内在联系，以有效保护人格权的方式来切实推进人权保护。④ 马俊驹教授认为：人格权与人格权请求权能不同，人格权的"广义内容"不可能仅限于侵权法上的规定，对人格权的救济应

---

① 张扬：《民法对人格权保护的中日制度的比较研究》，博士学位论文，中国社会科学院，2016 年，第 30 页。

② 王利明：《论人格权独立成编的理由》，《法学评论》2017 年第 6 期。

③ 杨立新：《对民法典规定人格权法重大争论的理性思考》，《中国法律评论》2016 年第 1 期。

④ 石佳友：《人权与人格权的关系——从人格权的独立成编出发》，《法学评论》2017 年第 6 期。

采用"退出式"与"割让式"救济路径相结合的立法模式。① 张新宝教授在《隐私权的法律保护：一项跨学科的前瞻性研究》一书的前言中说："法学家不满足于也不局限于以已有的规范作为衡量是非曲直的标准，而是以一个科学工作者的公平正义观、知识和经验的积累以及科学的研究方法为前提，以未来的规范之创设与理想的法律秩序之建立为己任。这就要求法学家关注社会各个方面、阶层、行业的合理利益与要求，关注全社会的公平与正义，而不是拘泥于现存结论、偏执于已有规矩。"② 王利明教授在《人格权法中的人格尊严价值及其实现》一文中，强调"我国民法有保护特殊主体的传统，而并没有过分强调规则的普遍适用性，为了延续这一良好传统，人格权法有必要对特殊主体人格权做出规定。" 当下，儿童作为特殊主体的人格权还散见于《未成年人保护法》等特别法中。未来为实现实质正义，民法不仅关注一般的人、抽象的人，也关注具体的人、特殊的人，尤其是对弱者的关注。当前学者从社会学、教育学、监护制度等方面已经取得了大量的研究成果，比如潘璐、叶敬忠在《农村留守儿童研究综述》一文中，通过对父母外出及外出时间、儿童居住地及年龄的方面对农村留守儿童进行概念的方向界定，并提出农村社区中的赌博、网吧等社会不安定因素对生存权，父母外出暂时分居对监护权，家庭、学校、同辈群体和大众文化对受教育权产生的影响及对策。③ 项焱、郑耿扬、李沉等在《留守儿童法定权利的实现》一文中，强调农村留守儿童问题是社会问题更是法律问题，建议在政策、经费、组织、宣传等方面进行全方位的保障。该文的不足在于，虽然

---

① 马俊驹：《人格与人格权立法模式探讨》，《重庆大学学报》（社会科学版）2016 年第 1 期。

② 张新宝：《隐私权的法律保护：一项跨学科的前瞻性研究》，群众出版社1997 年版，第 2 页。

③ 潘璐，叶敬忠：《农村留守儿童研究综述》，《中国农业大学学报》（社会科学版）2009 年第 2 期。

是论述农村留守儿童的法定权利，但是在应对方面更多地关注社会层面而缺少法律对策。① 卢震的法律硕士论文《农村留守儿童权益的法律保障问题研究》对山东省菏泽市定陶县黄店镇王庄村农村留守儿童的生活现状，采取入户访谈和查阅当地相关数据统计的方式，对当地农村留守儿童面临的法律保障问题进行对比分析。②

2. 儿童权利立法与"国家监护"

各个国家和地区都在致力于儿童保护。积极预防对儿童的忽视和虐待，确保所有得不到家庭适当对待的儿童能够得到成人社会的养育，已成为今天人类社会的共识。推进公权力对家庭育儿过程的干预，积极预防和有效应对家庭内的儿童虐待问题，是儿童保护制度的重要价值追求，也是现代国家需要共同努力解决的重大社会问题。建立健全面向儿童及其家庭的监护监督制度、监护支持制度、监护替代制度等国家监护制度，发展并完善一系列儿童保护服务，全面落实国家之于儿童的监护责任。

吴鹏飞、刘白明在《我国近二十年来儿童权利理论研究述评》对我国"儿童权利立法走向科学化"做了比较详尽的说明。1954 年《宪法》第 96 条明确规定"婚姻、家庭、母亲和儿童受国家的保护"。1982 年修订后的《宪法》在第 49 条进一步规定："婚姻、家庭、母亲和儿童受国家的保护"、"禁止虐待老人、妇女和儿童"。从救济方式上将人格权与侵权责任相结合，强调了对妇女、老人、儿童及残疾人的人格权的特殊保护，儿童人格权保护的公法私法并行。《民法总则》第 18 条规定，"监护人应当履行监护职责，保护被监护人的人身、财产及其他合法权益……监护人不履行监护职责或者侵害被监护人的合法权益的，应当承担责任；给被监护人造成财产损失

① 项焱等:《留守儿童法定权利的实现》,《法学评论》2009 年第 6 期。
② 卢震:《农村留守儿童权益的法律保障问题研究》,硕士学位论文,安徽财经大学,2015 年。

的，应当赔偿损失。人民法院可以根据有关人员或者有关单位的申请，撤销监护人的资格"；《未成年人保护法》对家庭、学校、社会和司法等在保护儿童过程中的职责和义务作了原则性规定，例如，其中的第 10 条规定，"禁止对未成年人实施家庭暴力，禁止虐待、遗弃未成年人，禁止溺婴和其他残害婴儿的行为，不得歧视女性未成年人或者有残疾的未成年人"。这些法律规定，从原则上规范了父母等监护人在养育孩子过程中的行动范围和边界，为预防和应对儿童虐待问题提供了基本的法律依据。

3. 儿童人格利益研究

儿童人格利益研究集中在 3 个方面，即人格权益的理论研究、家事诉讼中的儿童权益保护和儿童免受性侵害的权利保护问题研究。

人格权益的理论研究。孟勤国教授认为：德国人格权模式以人格和侵权解决人格权问题，反映的是百年前的社会状况，完全不能适应现代社会尤其是现代中国的需要。只有人格权"独立成编"才能充分容纳现代中国的人格权问题，才能科学规定现代中国的具体人格权，才能合理保护现代中国的人格利益。人格权"独立成编"不仅改变德国人格权模式的体例，解放人格权发展的空间，而且也改变德国人格权模式的逻辑，权利确认和防止侵权并重。① 张鸿霞和郑宁《网络环境下隐私权的法律保护研究》一书中对网络环境下隐私权法律保护问题的研究对儿童网络隐私权的保护有启示意义。② 在实证法上，大量人格利益并不以人格权的形式存在而是以"人格法益的"形式存在。③ 人格权益在民法上如何保护，一直是困扰人格利益研究

---

① 孟勤国：《人格权独立成编是中国民法典的不二选择》，《东方法学》2017 年第 6 期。

② 张鸿霞等：《网络环境下隐私权的法律保护研究》，中国政法大学出版社2013 年版。

③ 贾淼：《人格权益法研究（总论）》，中国政法大学出版社 2014 年版，第 17 页。

与法律实践的疑难问题。贾淼教授认为"虽然，大陆法系各国立法都尝着将典型的人格利益上升为人格权，并赋予这些人格利益权利法上的保护，但是此种努力通常以失败告终。"① 人格权人与权利标的之间的关系是很难用抽象的语言直接概括出来的。但很多学者仍在这方面作者积极的努力。例如杨立新将名誉权人与名誉的关系表述为保有、维护、支配；将肖像权人与肖像的关系表述为制作专有、使用专有、维护②。贾淼认为"在实证法上，大量人格利益并不以人格权的形式存在而是以人格法益的形式存在，故不如将专门保护人格利益的规范称为人格权益制度更为合适，相应的规定人格权益制度的立法则称为人格权益法。"③ 并且，围绕人格权益法中的人格权请求权、侵权请求权与不当得利请求权展开。李倩博士对人格权制度的现代发展，即法律正面对人格权加以规定进行了介绍。她认为，正面赋权的基础在于承认人格权为支配权；并且将人格权的支配性区分为通过事实行为的支配、通过法律行为的支配，并分别进行了阐述。她对人格权的对世性，即基于绝对权的请求权和侵权损害赔偿请求权，进行了讨论。④

家事诉讼中的儿童权益保护。法学理论研究的成果为儿童立法提供了借鉴，司法中的儿童权益保护问题就更具有现实意义。南京师范大学法学院陈爱武教授在《家事诉讼与儿童利益保护》一文中，对我国儿童利益保护的现状进行了概述，对儿童利益与家事诉讼的意义进行了详细分析，并提出了对未来家事诉讼中儿童利益保护的立法展望。他指出，我国家事司法中儿童保护体系不完整，难以保障儿童表达意见权利和诉讼参与权，因此，建议从司法层面确认儿童的诉讼主体地位，建立专业化的家事审判机构，真正实现家事审判对儿童利益

---

① 贾淼：《人格权益法研究（总论）》，中国政法大学出版社 2014 年版，第 45 页。
② 杨立新：《人身权法论》，人民法院出版社 2002 年版，第 591 页。
③ 贾淼：《人格权益法研究（总论）》，中国政法大学出版社 2014 年版，第 51 页。
④ 李倩：《人格权概念研究》，博士学位论文，中国人民大学，2011 年。

的充分保障。儿童利益是一种身份利益，具有显著的公益性，国家与社会必须给予特殊保护，遵循儿童利益最大化、儿童参与以及儿童优先保护等原则。陈爱武建议通过多重举措，真正实现家事审判对儿童利益的充分保障。① 从我国家事审判立法看，涉及儿童利益保护的规定散见于诸多的法律、司法解释以及政策性文件中，这些规定尽管为家事司法提供了基本的依据，但缺憾亦非常明显，表现为：没有上位法的原则性规定；没有形成体系完整、结构合理的专门制度；部分立法规范前后矛盾；缺乏科学性和严谨性；缺乏实现儿童利益最大化的具体程序和相关配套机制。为此，有必要在基本法和部门法层面确立儿童利益最大化的法律原则；保障儿童表达意见权利和诉讼参与权；从司法层面看，设立少年法庭保障儿童的人格利益。确认儿童的诉讼主体地位，确立涉儿童家事案件职权探知、职权调查原则，建立专业化的家事审判机构。

儿童免受性侵害的权利保护问题研究。以校园性侵害为关注焦点研究儿童免受性侵害的权利保护是年轻一代法学研究者关注的问题，多篇优秀硕士学位论文积极讨论这一问题。叶菲菲选取了 2013 年媒体披露的 20 个校园性侵案进行分析，总结出此类案件的特征：案发地以农村小学居多；农村留守女童容易受长期侵害；侵害时间长、受害人数多、重复频率高；严重的性侵害者年龄较大。她认为，儿童免受性侵害的权利保护最重要的目的不仅在帮助儿童获得司法上的胜利，更在于儿童身体、心灵的恢复与健康成长，因此保护理念应当以儿童的需要为根本，看到儿童的需要，满足他们关于健康成长的渴望。② 尽管法理深度还需沉淀，但能够反映出新一代法学研究者开始更多地关注社会现实问题，更多地关注"最有价值的""最脆弱"的

---

① 陈爱武：《家事诉讼与儿童利益保护》，《北方法学》2016 年第 6 期。

② 叶菲菲：《儿童免受性侵害的权利保护问题研究—以校园性侵害为视角》，硕士学位论文，福建师范大学，2015 年。

群体——儿童的权益保护问题。孙雪梅等发起"女童保护"项目，把作为儿童基本权益的人格权益放在研究的核心视域中。据其发布的《2013年儿童安全教育及相关性侵案件情况报告》统计，在2013年被新闻媒体公开报道的儿童性侵害案件达到125起，其中教师与校长犯罪案件达到43起，成为被披露最多的群体。① 莫爱新的《民法中的性权利研究》②，《人民法院报》发表实时性文章，反映司法层面对处境不利儿童权益保护的举措。《中国少年司法》等出版物对少年的侵害和反侵害问题进行研究。

三 概念界定

（一）困境儿童

困境儿童是指因家庭监护缺失或监护不当而遭受虐待、遗弃、意外伤害、不法侵害等导致人身安全受到威胁或侵害的儿童。③ 困境儿童的"困境"又可以类型分为"风险困境"和"事实困境"两种类型。"风险困境"是指儿童处于可能受到伤害的境遇中，包括儿童虐待、儿童忽视、儿童剥削和儿童暴力等人为伤害，儿童在这一境遇中生命、健康安全受到极大的威胁。留守儿童是"风险困境"儿童的典型代表。留守儿童是指父母双方或一方外出务工6个月以上而被留在居住地独自生活或与另一方无监护能力的父母或其他家庭成员生活的儿童。发生在留守儿童身上的恶性事件及长期孤独环境下形成的不良心理都是这"风险困境"的结果。同时，因家庭贫困导致生活、就医、就学等困难的儿童，他们被救助过程中常常被侵犯到"贫困"

---

① 《政协委员：建议将防性侵教育纳入教学课程》，http://news.sina.com.cn/c/2014-03-06/141229639311.shtml/2017-03-18。

② 莫爱新：《民法中的性权利研究》，中国政法大学出版社2011年版，第147页。

③ 《国务院关于加强困境儿童保障工作的意见》（2016年6月）

的隐私，使得他们"抬不起头"，名誉感降低；过失儿童因为之前的"犯罪记录"被曝光，遭遇学校的摒弃、同学和教师的排斥，也处在"风险困境"中。"事实困境"是指儿童已经受到了伤害的情形。主要包括长期遭受家庭暴力的侵害，长期遭受监护侵害以及性侵等人身伤害，以及长期遭受网络暴力、校园暴力的侵害，生命、健康、名誉、隐私等人格利益得不到保障。

（二）人格权益

本书采我国学界普遍认同的人格权概念，即"人格权是指以主体依法固有的人格利益为客体的，以维护和实现人格平等、人格尊严、人身自由为目的的权利。"人格权以主体享有的人格利益为客体。人格利益分为一般人格利益和个别人格利益。前者主要指公民的人身自由和人格尊严；后者包括公民的生命、健康、名誉、隐私等。对自然人而言，这些利益都以人格尊严为基础，并以彰显人格尊严为目标。

四　研究思路与方法

（一）研究思路

"明者防祸于未萌，智者图患于将来"，无论是处在"风险困境"还是"事实困境"中的儿童，都需要其自身、监护人、教师以及社会公众以法治思维维护其权益，防范和化解儿童的生存风险，在后天获得性素质形成过程中，通过法律保护保障其人格权益，使其得以生存和发展。困境儿童人格权益的法律保护以生命、健康、名誉、隐私等人格利益的实现为内容。运用法治思维和法治方式防范风险是应对风险的重点。"下好先手棋，打好主动仗，做好应对任何形式的矛盾风险挑战的准备"①。不可否认的是，法律通常都是事无论后调节，

---

① 《习近平谈治国理政》第二卷，外文出版社 2017 年版，第 223 页。

但是这并不意味着运用法治思维和法治方式只能等风险出现造成实质性的危险之后再做合法性判断和立法、司法和执法规避。处于"风险困境"中的儿童分为 3 小类，即以留守儿童、流浪儿童、服刑人员子女等为代表，由于家庭监护缺失使其处于可能受到生命健康侵害的风险境遇中；以低收入家庭子女、非原生结构家庭子女为代表，因家庭贫困导致生活、就医、就学等困难，监护侵害威胁着他们的成长，同时，他们在被救助过程中常常披露"贫困"的隐私；以有犯罪经历的失足儿童为代表，他们因为之前的"犯罪记录"被曝光，遭遇学校的"不接收"、同学和教师的排斥。处于"事实困境"中的儿童是指已经受到了伤害，包括遭受监护侵害以及性侵害等人身伤害，以及长期遭受网络暴力、校园暴力的侵害。

《民法典》第 774 条规定"民事主体的人格权受法律保护。除本编规定的人格权外，自然人享有基于人身自由、人格尊严产生的其他人格权益"。结合我国儿童人格权益立法和司法实践，借鉴国外立法经验和理论成果，对困境儿童以生命健康权益、人格权益和隐私权为代表的非商品化人格利益的毁损进行实证研究，发现基于原生家庭的劣势需要在成长中不断改善，然而冲击社会道德底线的极端事件时有发生，成长中困境儿童仍面临着生命、健康、名誉、隐私为代表的非商品化人格利益的毁损，使得他们改变原生状态无望。

本书按照"提出问题—分析问题—解决问题"的思路进行：首先，从区分儿童的基本利益和最佳利益入手，以儿童的基本利益受到侵害威胁为标准，提出困境儿童的"人格权益毁损"问题，论证法律干预的必要性和可行性；其次，基于"关系理论"的基本思想，即人的处境和行为是社会关系的产物，从儿童生存空间的角度探究困境儿童社会性生存风险产生的深层原因；第三，针对问题和原因，找到对策提出建议，在分析困境儿童人格权益法律保护中的权利冲突与协调的特殊性基础上，把刑事司法中的"恢复性司法"观点引入民法研究，讨论人格权请求权在困境儿童人格权益保护中的适用。在源头遏制风险，建立长效预警机制，在保障儿童权益的法律体系逐步健全的当下，构建立法、司法和守法协同的法治生态。

（二）研究方法

1. 案例法

案例分析法是当前民法研究最重要的研究方法。通过案例来分析研究法律制度的完善和趋势是一种非常好的方法。本书通过对留守儿童、校园欺凌典型案例、监护人侵害及隐私权侵害的典型案例的描述，分析困境儿童人格权益的被侵害类型和保护路径。

2. 文献法

本书是建立在对已有相关研究成果梳理和分析基础之上的。对已有研究的梳理运用了文献法，即通过阅读文献，回顾世界各国儿童人格权益保护的历程，分析困境儿童问题产生原因，关注人格权益保护的法律法规为本书的论证找到法律依据。在这一过程中参考了大量专著、译著和教材，这些成果增加了本书的科学性，在概念界定、研究方法、思路框架的确定中起到积极的作用。在写作过程中，著者密切关注人格权和儿童保护方面的文章和信息，本书的些许"创新"都是建立在前人研究的基础之上的，是文献研究的延伸成果。

3. 比较法

比较研究是获得同领域研究经验的较好方法。困境儿童的人格权益的法律保护问题是世界性的问题，德、法、英、美、日等国家不仅对人格权理论的研究较为系统，对儿童权益的法律保障体系也比较健全，各国的"儿童法"尽管表现出较强的本土性，但仍有我国儿童立法可资借鉴的内容和做法。在本研究中，采用扬弃的方法，借鉴他国经验，同时发掘我国儿童立法中的优长，和他国经验进行"对话"。

五 创新之处

（1）在研究内容上，对独立且分层的儿童问题做事实判断，即儿童之间的社会不平等甚至区隔事实在不断拉大。儿童人格权益保护的最大问题是对家庭不利遮蔽之下的困境儿童的权利保护，最大的困难是法律的实效性问题，也即法律的操作性和实施保障。困境儿童人格权益的实现取决于作为权利相对方的义务的履行，即来自家庭、学校、行政部门和社会公众的守法与尽责。

（2）在研究思路上，强调不能把"困境儿童"淹没在"儿童"的大概念中。还需要打破另一个误区，把困境儿童的权益保护划分到与老年人保护、处境不利人群保护的社会问题中去，把儿童与成人问题的特殊性淹没掉。回到儿童权利研究的源头，以困境儿童最易受侵害的生命健康权、名誉权、隐私权入手，分析儿童人格权益的法律保护问题。

（3）在研究方法上，注重学科交叉，运用社会学、心理学原理分析困境儿童的境遇，为法律构建提供思路，从法社会学的角度分析儿童人格权益的民法保护。本书的研究目的就是宣示儿童是独立的人格主体，法律需要特殊保护儿童的人格利益。从侵权法和人格权保护的区别看出儿童保护的必要性，从法社会学的视角关注困境儿童的法律保护实效，从法治文化的角度构造困境儿童人格权益保护的路径，结合我国对于儿童保护的不足之处和国外对于儿童权利保护的做法，探讨我国儿童保护立法的前进方向。

六 本书框架

除绪论外，本书包括 5 章内容。

第一章"困境儿童人格权益保护概述"，对困境儿童人格权益的基础性理论进行了铺垫，对困境儿童的定义以及儿童法律地位的历史和逻辑演进进行了分析，从名誉感是否由名誉权保护的争论入手，分析了以保护人的尊严为基础的一般人格权的价值，进而对具体人格权保护下的儿童的生命健康、名誉和隐私利益进行了描述，确定作为儿童具体人格权的生命权和健康权其实现的基础是基于"生命的"监护和基于"生存和发展"的监护。通过对《预防未成年人犯罪法》的解释，明确儿童以生命健康权、名誉权、隐私权为代表的人格权保护在其一生的发展中的作用。明确了困境儿童人格权益法律保护的哲学基础、法社会学基础和心理学基础，揭示我国困境儿童保护的福利框架。

第二章"困境儿童人格权益损害的实证分析"，在分析"儿童利益最大化"原则实现路径的基础上，描述以留守儿童、流浪儿童、遭遇家庭及校园暴力儿童为代表的困境儿童人格权益实现状况。基于"儿童是成长中的人"的理念，分别从监护侵害行为对儿童生命健康权的侵害、媒体滥用表达自由对困境儿童名誉权的侵害"和教育与保护遮蔽下的困境儿童隐私权侵害三个角度，结合具体案例进行描述和分析，揭示我国困境儿童人格权保护问题已经迫在眉睫，而法律作为存在不尽人意的现实。

第三章"困境儿童人格权益保护的域外法制经验"，介绍了英国、美国、德国等西方国家对困境儿童生命健康、名誉和隐私保护的经验，探寻我国可资借鉴的地方。从借鉴和比较的视角分析了学生欺凌中的儿童人格权益毁损问题，从法律规范完善的层面分析了各国在治理学生欺凌过程中的积极作为。

第四章"困境儿童人格权益的保护路径"，将视角聚焦在困境儿童的"社会性生存风险"上。无论表面困境如何，关系困境已成为影响困境儿童健康成长的重要因素，而重构关系成为支持其成长的新策略。当前儿童基于家庭的社会性差距拉大，作为基本社会关系的家庭出现前所未有的不确定性，由于家庭监护缺失或不力而产生的困境儿童承受着叠加的生存风险，需要社会的早期干预。结合儿童权益保护的"依赖性"和"持续性"的实际，将刑法中的恢复性司法理念迁移到民事司法中，强调从"人格请求权"和"侵权请求权"两个方面对儿童权益进行救济。

第五章"困境儿童人格权益保护的法治生态建构"，以影响法律实效的因素分析为框架，从立法、执法和守法协同的角度，建构法治生态，提升困境儿童人格权益的法律保护实效。在分析儿童人格权冲突与调节的基础上，对《未成年人保护法》宣告式的条文修订提出加大"侵权责任"追究的建议。在借鉴别国儿童监护制度对我国困境儿童国家监护制度提出建议。在执法中，把《反家庭暴力法》等法律的执行与恢复性正义理念结合起来，特别强调了法治文化环境即守法的积极意义。困境儿童人格权益生态也可以围绕预测、预警、预防进行维护。国家已经出台多项救助和保障困境儿童的政策，但仍缺乏防范化解生存性风险的有力举措。建议国家出台"困境儿童社会性生存风险监测预警长效机制意见"，从国家治理的高度思考困境儿童的生存风险防范化解，突破基于事后补偿的单一救助机制。

第一章　困境儿童人格权益保护概述

人格权是指民事主体对其生命、健康、名誉、隐私等各种人格利益所享有的排除他人侵害的权利。就自然人而言，人格利益是其享有的最高法益。人格权所维护的核心价值理念应当是人格尊严。① 我国《宪法》第 38 条规定："中华人民共和国公民的人格尊严不受侵犯。禁止用任何方法对公民进行侮辱、诽谤和诬告陷害。"《民法典》"总则"第 109 条规定："自然人的人身自由、人格尊严受法律保护。"儿童是人类的希望，在自由的空间中有尊严的生活是人类的梦想。困境儿童因为来自家庭的压力和曾经的苦痛经历使得他们比普通儿童更加敏感和脆弱。"对儿童的凌辱、虐待和忽视会降低儿童享有幸福、有尊严的生活""使儿童体验到不公平、焦虑、悲伤及自卑，影响儿童的自信""影响儿童与同伴的正常交往，进而影响到儿童个性的发展""长期处于这种苦难中的儿童精神世界难以健康成长，必定会发生心理扭曲甚至心理疾病，是儿童后来许多不良行为的根源。"② 为帮助困境儿童走出"困境"，必须在类型化的基础上，针对其相较于

---

① 王利明：《人格权法》（第二版），中国人民大学出版社 2016 年版，第 1 页。
② 徐显明：《国际人权法》，法律出版社 2004 年版，第 401—402 页。

普通儿童的特殊境遇，从帮助其摆脱"风险困境"或"事实困境"的角度进行研究。

第一节　困境儿童人格权益法律保护问题的提出

家庭是儿童获得保护的源泉，父母是儿童保护的第一责任人，作为社会基本单元的家庭必须为儿童的健康成长提供保护和协助。这个观点来源于《世界人权宣言》，在对儿童权益的保护中强调儿童有权享受特别照料和协助，所有家庭成员都有义务为儿童的健康成长创设和谐环境，并且提供必要的保护和协助，使家庭能够充分担负起它的社会责任。我国《未成年人保护法》"家庭保护"中明确"父母或者其他监护人应当创造良好、和睦的家庭环境，依法履行对未成年人的监护职责和抚养义务。禁止对未成年人实施家庭暴力，禁止虐待、遗弃未成年人，禁止溺婴和其他残害婴儿的行为，不得歧视女性未成年人或者有残疾的未成年人。"《儿童权利宣言》强调"儿童因身心尚未成熟，在其出生以前和以后均需要特殊的保护和照料，包括法律上的适当保护"。因此，我国《未成年人保护法》"家庭保护"中明确"父母或者其他监护人应当关注未成年人的生理、心理状况和行为习惯，以健康的思想、良好的品行和适当的方法教育和影响未成年人，引导未成年人进行有益身心健康的活动，预防和制止未成年人吸烟、酗酒、流浪、沉迷网络以及赌博、吸毒、卖淫等行为。"

一　困境儿童的类型化

联合国《儿童权利公约》在序言中回顾了《关于儿童保护和儿童福利、特别是国内和国际寄养和收养办法的社会和法律原则宣言》、《联合国少年司法最低限度标准规则》以及《在非常状态和武装冲突中保护妇女和儿童宣言》中关于处境不利儿童的保护原则和措施，确认"世界各国都有生活在极端困难下的儿童，对这些儿童需要给予特别的照顾"。2016 年 6 月，国务院《关于加强困境儿童保障工作的意见》将困境儿童划分为处在事实困境和风险困境中的两类：第一类是因家庭贫困导致生活、就医、就学等困难的儿童；第二类是因家庭监护缺失或监护不当遭受虐待、遗弃、意外伤害、不法侵害等导致人身安全受到威胁或侵害的儿童。困境儿童源于 3 个方面的不利：不能令人满意的家庭关系、丧失方向和规则以及缺乏供给，①虐待儿童、忽视儿童、剥削儿童、对儿童实施暴力侵害等人为伤害使儿童时刻处在风险困境或事实困境中。依据伤害的不同来源，可以将困境儿童细分为 4 种类型。

（1）因家庭贫困导致生活、就医、就学等困难的儿童。这类困境儿童产生的原因是家庭经济困难。经济困难直接导致营养和健康问题，生命健康权得不到保障，国家正在通过精准扶贫、城市低保补助等政策对其本人及家庭进行救助。在学校和社区中，他们是"助学金"的主要受益者，但是在救助过程中，家庭"贫困"的隐私被公开，使得他们"抬不起头"名誉感降低。

（2）因家庭监护缺失陷入意外伤害、不法侵害等风险的儿童。留守儿童是因监护缺失陷入困境的儿童的典型代表。留守儿童是指父母双方或一方外出务工六个月以上而被留在居住地独自生活或与另一方无监护能力的父母或其他家庭成员生活的儿童。发生在留守儿童身上的恶性事件及长期孤独心境下形成的不良心理都是"风险困境"的结果。

（3）因家庭监护不当遭受虐待、遗弃、意外伤害、不法侵害等导致人身安全受到威胁或侵害的儿童。主要包括长期处在家庭暴力的

---

① 柳华文：《儿童权利与法律保护》，上海人民出版社 2009 年版，第 6 页。

侵害下，长期遭受监护侵害以及性侵害等人身伤害，以及长期遭受网络暴力、校园暴力的侵害，生命权、健康权、名誉权、隐私权等人格利益得不到保障。流浪儿童也属于这一范畴。

（4）遭遇性侵害及重大人身伤害的儿童。这类困境儿童的"隐私"包括不堪回首的过往经历，包括因年幼过失导致留有违法犯罪记录的儿童，他们因为之前的"犯罪记录"被曝光，遭遇学校的摒弃、同学和教师的排斥，也处在"风险困境"中。

二　名誉感保有与一般人格权的意义

人格尊严是指公民基于自己所处的社会环境、地位、声望、工作环境、家庭关系等各种客观条件而对自己和他人的人格价值和社会价值的认识和尊重。① 《未成年人保护法》开篇即强调"尊重未成年人的人格尊严"，然而由于困境儿童可能缺少在其社会文化背景中成长所需要的基础性条件：社会能力、激励、自信、身体状况、时间和学习的乐趣等，表现出贫困、弱小和无助。生活条件阻碍了他们的能力和权益的提高，通常这些都应该是在他们生命之初就获得基本配置的。② 媒体也常常以此来关注他们，有些是对其家庭环境和生活状态的负面报道。尽管不是针对某一个自然人，但会使经历相似的、幼弱的儿童的名誉感受到损害。民事主体对于自己的名誉享有保有的权利。名誉是一种客观的社会评价，权利人无法以主观的力量去改变它、支配它，只能对自己已经获得的名誉予以保有。"名誉保有权"包括保持自己的名誉不降低、不丧失的权利和在知悉自己名誉不佳时采取行动予以改进的权利。儿童名誉权相较于成人名誉权使用价值不显著，重点在于保有自己的名声，维护其名声不受侵害。对于成长中

---

① 王利明等：《人格权法》，法律出版社1997年版，第35页。
② 柳华文：《儿童权利与法律保护》，上海人民出版社2009年版，第3页。

的儿童，名誉权保护的价值不在于被侵害后的救济，而在于名誉感的
保有。

（一）名誉感保有的意义

《牛津法律大辞典》对名誉的概念定义为：名誉是对于人的道德
品质、能力和其他品质（名声、荣誉、信誉或身份）的一般评价。
名誉有狭义和广义之分，狭义的名誉指社会对民事主体的评价—外部
评价（外部名誉），广义的名誉还包括个人对自己的人格价值评价—
内部评价（内部名誉或称名誉感）。判断一个行为是否构成对名誉权
的侵害通常较多考虑相关的客观因素，如加害人的行为方式、时间、
地点、场合以及受害人在社会上的评价是否被降低等情况。这表明名
誉是一种与诸多客观情况密切联系并由诸多客观要素决定或构成的事
物，名誉具有客观性，即"外部的名誉"。[1]

杨立新教授在《人格权法》一书中指出："作为法学概念，法律
只认名誉为名誉权的客体，不认名誉感为名誉权的客体，是因为名誉
感是极其脆弱的，很容易被他人的侮辱行为所伤害，对其完全予以法
律保护是不可能的，也是不必要的。"但是，对绝大多数自然人来说
主观的名誉感是现实存在的，而且的确和侵权行为有因果关系，面对
这种损害如果不加以保护，正如张新宝教授所讲的一样，会无法真正
实现法律的公平正义。有学者以"名誉感非名誉权独有"为由拒绝
承认"名誉感受损"是名誉权被侵害的构成要件。[2] 事实上，这正是
儿童名誉感保有的意义所在。名誉感能够激励名誉主体通过自己的行
为塑造自己的社会形象，并试图获得他人的正向评价，从而树立自己
的积极的社会形象。形象塑造通常有两种方式：一种是自始至终努力
塑造和保持良好的社会形象，以取得他人对其名誉的好评；另一种是

---

[1] 张新宝：《名誉权的法律保护》，中国政法大学出版社 1997 年版，第 17 页。

[2] 王盛雅：《论名誉权的民法保护——兼论英美法的借鉴可能性》，硕士学位论文，山东大学 2014，第 6 页。

在认识到自己的名誉评价不好或者不太好时改过自新，通过自己的主观努力改变他人对自己的看法，重新获得好评。通常来讲，名誉主体在"晕轮效应"的作用下保持第一状况比较容易，而在"对比效应"作用下，采取第二种方式修复受损的名誉难度更大，常常遭遇反复，甚至拒绝，使得名誉主体向相反方向上行为，即破罐子破摔，不再努力维护基于社会评价的"名誉"。儿童作为成长中的人，其名誉感的保有是未来社会文明的重要保证。我国民法认识到名誉现象的主观性一面，有助于法律的引导功能的发挥，如果儿童积极关注自己的名誉、希望他人对自己有一个良好的评价，那么这个社会将是一个精神文明程度较高的社会。相反，如果儿童忽视名誉的主观性一面，忽视民事法律在激励人们的价值取向和行为方式方面的积极功能，将名誉看作是一种与名誉主体毫无关系的客观存在，那么我们将失去建设社会精神文明的一个重要手段和途径。①

史尚宽、张新宝等将"名誉感"视为"内部的名誉"，主张法律应当保护"名誉感"，认为名誉权保护的目的是为了维护基本人权，保障特定权利主体在社会上获得公正的评价，得到其应当得到的感情利益（譬如受到尊重）和由此可能导致的间接物质利益。并且特定权利主体的名誉权受到侵害时，可请求司法救济，从而达到恢复名誉、维护个体的人格尊严、免受精神痛苦的效果。

龙显铭、王利明、杨立新等不支持将"名誉感"纳入"名誉权"的主张。认为法律只保护"外部的名誉"，因为内部名誉受到侵害，在未被他人知晓时，显然不会降低公众对该人的社会评价，不会影响到受害人的外部名誉并构成损害事实，为此，主张法律不保护"内部的名誉"或"名誉感"。本书倾向于将"名誉感"作为"内部的名誉"予以法律保护，这也体现了对成长中的儿童的特殊保护，体

① 张新宝：《名誉权的法律保护》，中国政法大学出版社1997年版，第17页。

现"最有利于儿童"的原则。

（二）一般人格权的价值展现

人格权发展的里程碑就是二战后的德国在司法实践中创制了一般人格权概念。二战后，世界各国人民权利意识普遍觉醒，人权运动在世界范围内普遍高涨，人们比以往任何时代更加重视人的平等、自由、尊严和安全。二战后的德国基于对纳粹罪行的反思，在其《基本法》中第 1 条规定了人的尊严，第 2 条规定了发展人格，并以此为依据，在民法典中原本没有相关规定的情况下通过"读者来信案""骑士案""索拉雅案"等一系列案例，在司法实践中创制了一般人格权概念，并由此衍生出一般人格权理论。一般人格权的产生，使人格权制度得到了进一步的完善，其重要意义在于使宪法上规定的基本人权能够在民法上得以救济，并无限地扩大了人格权的保护范围。由此，一般人格权克服了民法典列举具体人格权规定之不足，自从它产生之日起就发挥着解释、补充、创造具体人格权的功能。这一权利的产生极大地丰富了人格权的内容，有利于对人的人格权益的全面保护，也有利于进一步完善人格权制度。

如果"名誉感"不能被视为具体人格权，即名誉权保护的内容，那么"尊严"如何受到保护呢？侮辱他人并未为第三人知道，受害人的社会评价未降低，故不构成侵害名誉权，同时也不构成对身体权的侵害，此时具体人格权没有受到侵害，则可以通过一般人格权来对受害人加以保护。《精神损害赔偿司法解释》第 1 条规定："自然人因下列人格权利遭受非法侵害，向人民法院起诉请求赔偿精神损害的，人民法院应当依法予以受理：（一）生命权、健康权、身体权；（二）姓名权、肖像权、名誉权、荣誉权；（三）人格尊严权、人身自由权。违反社会公共利益、社会公德侵害他人隐私或者其他人格利益，受害人以侵权为由向人民法院起诉请求赔偿精神损害的，人民法院应当依法予以受理"。有学者认为，这一规定表明，最高人民法院实际上已经将宪法关于"公民人身自由和人格尊严不受侵犯"的规定解释为人格自由权和人格尊严权，这实际上是通过司法解释确认了一般人格权，弥补了我国因一般人格权制度的欠缺而导致的人格权制度的不足。①

　　一般人格权是相对于具体人格权而言的，指以人格尊严、人格平等、人身自由为内容的、具有高度概括性和权利集合性特点的权利。②《民法总则》第 109 条规定"自然人的人身自由、人格尊严受法律保护。"民法上一般人格权是宪法上一般人格权"间接"适用于民法的产物，同时，民法典规定一般人格权成为民事立法者落实基本权利国家保护义务的结果。宪法上一般人格权和民法上一般人格权都旨在对未列举的人格权进行保护，其具体内容都需要通过司法实践来进行填补，但是这种填补必须依据宪法和民法上有关一般人格权的规定来进行，这是法官依法审判的应有之义。一般人格权内容的非法定并不排斥其依据的法定。③ 一般人格权可以包括各种人格利益，但已经为法律确定的具体人格权的利益，就不应当包括在一般人格权中。④ 根据这一标准，既然"名誉感"没有成为作为具体人格权的名誉权保护的人格利益，那么，其价值所在——对自然人尊严的保护就应当成为一般人格权所保护的利益。有时行为人的行为并未造成对困境儿童社会评价的降低，因此无法认定其为侵害名誉权的行为，只能认定为侵害人格尊严。这种情况在困境儿童面临的人格侵权行为中最为常见。本书所称"一般人格权价值的吸引"正基于此。

---

　　① 王利明：《人格权法》（第二版），中国人民大学出版社 2016 年版，第 78 页。
　　② 尹田：《论一般人格权》，《法律科学》2002 年第 4 期。
　　③ 王锴：《论宪法上的一般人格权及其对民法的影响》，《中国法学》2017 年第 3 期。
　　④ 杨立新等：《民商法理论争议问题——精神损害赔偿》，中国人民大学出版社 2004 年版，第 179 页。

三 困境儿童生命健康、名誉和隐私保护的必要性

一般人格权与具体人格权的法律适用上，一般认为，在具体处理案件时，应当优先适用具体人格权的规定，而将一般人格权作为补充适用的条款。正如德国法学家拉伦茨（Karl Larenz）所言："在具体保护范围上，两者具有平行性和互斥性。在法律适用中，如某项人格权益受到损害，则优先适用具体人格权，如不能归入某项具体人格权则可援引一般人格权的规定。与'一般人格权'相比，具体人格权在内容上规定得较为明确。"显见，为了更有效和直接地保障自然人的人格权益，"人格法益权利化"是法制建设的重要工作之一。《民法总则》第 111 条规定"自然人的个人信息受法律保护。任何组织和个人需要获取他人个人信息的，应当依法取得并确保信息安全，不得非法收集、使用、加工、传输他人个人信息，不得非法买卖、提供或者公开他人个人信息。"个人信息作为自然人隐私的重要组成部分被法律明确保护。保护人身自由和人格尊严的一般人格权的确立为困境儿童人格权益法律保护研究提供了兜底保证，具体人格权益的保护是实现困境儿童人格自由和尊严的现实路径。

（一）生命健康是儿童成长的基础

联合国《儿童权利公约》第 19 条规定："各国应保护儿童免受身心摧残、伤害或凌辱，忽视、虐待或剥削，包括性侵犯"。生命权是以自然人的生命安全利益为内容的人格权。[1] 生命是人最高的人格利益，具有至高无上的人格价值，是人的第一尊严。[2] 健康权是公民以其自身的生理机能的完整性和保持持续、稳定、良好的心理状态为

---

[1] 王利明：《人格权法》（第二版），中国人民大学出版社 2016 年版，第 147 页。
[2] 王利明：《人格权法》（第二版），中国人民大学出版社 2016 年版，第 155 页。

内容的权利。① 健康权的客体是自然人的健康利益。作为基本人权，生命权既不受任意剥夺，也不受非法限制，对其所施加的克减都将直接威胁到自然人生命的存续和其他民事权利的享有，因此，生命权具有不可克减性。② 各国法律不仅在宪法中将生命权确定为公民最基本、最重要的权利，而且通过刑法等法律切实保护公民的生命权不受侵害，保护公民的生命利益。《联合国儿童权利公约》和我国《未成年人保护法》保障的儿童的基本权利包括生存权、发展权、受保护权、参与权，这4项基本权利强调的是对儿童的"特殊保护"，以实现儿童权益最大化。有学者认为还应将生命权扩展到"生命质量保证权"，③ 包括对儿童生命得以优待，在特定情况下违反法律时免于遭受惩罚，以保证其生命质量的权利。人格尊严是自然人作为"人"所应当受到的社会和他人的尊重，人格尊严是包括生命权在内的所有人格权的产生基础。生命权和人格尊严有着不可分割的联系。生命权是一项具体的人格权，而人格尊严只是一般人格权中的一项内容，是对人格利益提供兜底保护的一般条款。④《民法总则》第110条规定："自然人享有生命权、身体权、健康权、姓名权、肖像权、名誉权、荣誉权、隐私权、婚姻自主权等权利。"生命权和健康权作为人类最基本的自然权利，从罗马时期就得到人们的关注，并获得法律的特殊保护。现代社会生命、身体和健康仍是人格权益的基础，是讨论处境不利儿童人格权益保护的基础。儿童应当是幸福的，他们被成人社会保护着、关爱着。但是却有一些儿童正在遭遇家庭的变故和学校中的欺凌，父母、老师和同学不能给予他们关爱，甚至成了伤害他们的

---

① 王利明：《人格权法》（第二版），中国人民大学出版社2016年版，第185页。
② 杨成铭：《人权法学》，中国方正出版社2004年版，第121页。
③ 郭宁华：《改革开放40年我国未成年人权益法律保护的沿革与展望》，《少年儿童研究》2019年第10期。
④ 王利明：《人格权法》（第二版），中国人民大学出版社2016年版，第153页。

"恶势力"，国家需要伸出"看得见的手"，保护遭遇暴力和欺凌中的儿童。我国政府正致力于完善"困境儿童分类保障制度"，顺应世界各国人格权保护趋势，加强国家监护制度。

《民法典》"总则"第128条规定："法律对未成年人、老年人、残疾人、妇女、消费者等的民事权利保护有特别规定的，依照其规定"。最高人民法院、最高人民检察院、公安部、民政部联合发布的《关于依法处理监护人侵害未成年人权益行为若干问题的意见》中明确了"监护侵害行为"的概念，即"未成年人的监护人通过对其进行身体上的家暴行为，强制未成年人从事非法活动，同时以欺骗、威胁的方式迫使未成年人进行各种不健康的并带有危害行为的违法活动"，这一概念符合世界卫生组织关于虐待儿童的法律规定。监护人作为儿童的事实保护者，有责任保护儿童不受到侵害并健康成长。然而，在现实中，监护者的行为却对儿童的身心造成了不可挽回的损失，性虐待、冷暴力等这些行为已经成为儿童心中挥之不去的童年阴影。监护侵害是近年来随着令人发指的恶性案件的曝光而进入公众视野的。从孩子被"精神留守"（父母对未成年子女长期忽略、冷落）到女孩被亲生父亲长年性侵害，监护侵害行为不但侵犯了儿童生命健康权，对身体造成严重伤害，而且给儿童造成了终身难以愈合的心灵创伤，自卑、犹豫、怀疑或者狂躁、易怒、仇视社会将伴其一生。由于监护人侵害儿童犯罪具有主体的特定性和行为的隐密性，并未引起人们更多的关注；更由于"棍棒出孝子"的理念被广泛认可，人们普遍缺乏儿童权利保护意识，甚至认为打骂是管护孩子的必要方式。当最高人民法院公布十大监护侵害案件之后，被"管护"遮蔽下的"侵害"才引起人们的警觉。

儿童首先应当享有生命安全受到特殊的保护以及在生活条件上接受重要保障的权利。《儿童权利公约》第23条规定"残疾儿童应享有得到特殊待遇、教育和照管的权利"，第24条规定："缔约国确认儿童有权享有可达到的最高标准的健康，并享有医疗和康复设施；缔约国应努力确保没有任何儿童被剥夺获得这种保健服务的权利。"每一个成年人在日常生活中都有着照顾儿童的责任，儿童的需求自身无法满足的情况下，需要成人关注和指导，而在实际生活中，人们对于儿童的合理需求有意无意地进行忽视，儿童的合理需求长期得不到成人的重视，这种忽视会使儿童的个性发展受到阻碍，他们感受不到家庭乃至社会给予的温暖和幸福，长此以往就会导致这些儿童处于焦虑的情绪之中难以自拔，从而陷入深深的自卑之中，对他们的心理造成不良的影响。《儿童权利公约》保障儿童最基本的存活和最大限度发展的权利，这一点在第 6 条第 2 款中有着明确的规定。这里的存活不仅是单纯意义上的维持基本生活的生理机能，更是个体的身体健康、生活愉快，是周围环境的和谐，是在遭受威胁时保障其生存的权利。健康的实现涉及到免受歧视、被尊重、生活环境安全等方面，不再仅仅局限于没有身体上的疾病，同时也涉及对儿童健康产生影响的衣食住行以及卫生条件等方面。生存环境的安全是儿童生命健康权益实现的重要保障，包括防止对儿童的任何形式的虐待和忽视，保护儿童免遭经济、精神、药品、色情、贩运等伤害和剥削。在《儿童权利公约》中，第 19 条规定参与缔约的各国应该通过立法，在行政、社会和教育部门的共同努力下，保护儿童不被忽视，并且在被照料的过程中，法定监护人必须保障儿童不受到伤害、虐待、凌辱等任何形式的身心上的摧残或剥削，这一点同时适用于任何照管儿童的照料者。

（二）拥有好的名誉意味着不被同伴排斥

名誉权是指公民和法人对其名誉所享有的不受他人侵害的权利。①《民法总则》第 109 条规定，"自然人的人身自由、人格尊严受

---

① 王利明：《人格权法》（第二版），中国人民大学出版社 2016 年版，第 272 页。

法律保护。"禁止用侮辱、诽谤等方式损害自然人的名誉。名誉是对个人良好的社会评价，名誉权以名誉为客体。名誉权是人的尊严最直接的体现，名誉是个人与他人正常交往的基础，名誉一旦受到损害，个人无法在社会中立足，所以，在很多情况下名誉甚至与生命同等重要。① 保护儿童的名誉权可以使儿童生活得更有尊严。在儿童的世界里，"和美名相比，金钱变得一文不值"，名誉对于儿童来说是维护其尊严的最重要的拥有物。儿童名誉的价值正是原初荣誉的价值，即拥有好的名誉就意味着不被同伴排斥，并在同辈群体中受欢迎甚至有话语权。对于儿童人格尊严的侵犯，主要体现在体罚、殴打、讽刺、挖苦、故意侮辱儿童，给儿童取一些歧视性的绰号或侮辱性的称号，侵犯儿童的名誉权，不给儿童以合理的解释权和辩护权等等。而名誉权的侵犯往往致使儿童尊严由一种目的性价值降低为一种条件性价值，最终导致儿童尊严的贬损和失落。② 为了让困境儿童生活得更加幸福、更有尊严，保护儿童名誉权已成为必需。

尽管儿童具有幼弱性和依赖性，但绝不能将儿童视为成人的附属品，儿童的名誉权是独立的个体人格权利。不论其出身如何，其名誉均不应受到他人贬损，即不会因为他人的非公正评价而影响其社会声誉及由此产生的利益。"名誉权是由民事法律规定的民事主体所享有的获得和维持对其名誉进行客观公正评价的一种人格权利。"③ 杨立新将名誉权人与名誉的关系表述为保有、维护、支配④。媒体视野下的困境儿童常常受到涉及到社会评价以及无具体指向的行为构成的名誉侵权，遭遇"污名连带"，以人格侮辱为主要表现的校园欺凌也严

---

① 王利明：《人格权法》（第二版），中国人民大学出版社 2016 年版，第273 页。

② 王本余：《教育哲学视野中的儿童尊严》，《全球教育展望》2007 年第 2 期。

③ 张新宝：《名誉权的法律保护》，中国政法大学出版社 1997 年版，第 29 页。

④ 杨立新：《人格权法》，法律出版社 2015 年版，第 219 页。

重侵犯了儿童的名誉权，需要从学校保护和社会保护的角度维护儿童名誉权不受侵害。关注互联网时代儿童名誉感保有，成为儿童名誉权保护的价值诉求。

儿童家庭之外的最主要的生活场域是幼儿园或者学校，当一个处在义务教育阶段的孩子不能和其他孩子一起去上学的时候，"智障""残疾""没人要的孩子""被学校开除的"等标签就会贴到他们身上，使他们的名誉受损。所以，保障义务教育阶段儿童的受教育权是维护儿童名誉权的重要方式。我国《未成年人保护法》第3条中规定家庭、学校、国家、社会都必须确保每个未成年人的受教育权得到实现，未成年依法享有接受教育的权利，并且在18、21、28条中分别对学校、政府以及相关部门的责任做出了明确的规定。在学校，儿童应当受到教师和学校的关注和爱护，教师和学校不能歧视在学习上有困难的学生，对品行上有缺陷的学生也要加以关心、引导和耐心的教育；尊重未成年人的尊严，肯定他们的独立人格，教师和学校都不能做出类似体罚、变相体罚等侮辱未成年人人格尊严的行为，并且学校没有权利违反法律和国家规定对未成年做出开除的处分和决定。人民政府必须采取一定的措施保障未成年人都享有接受教育的权利，对家庭经济困难的、自身身心发展不健全的、跟随父母外出流动的未成年人给予帮助和支持，保障他们受教育的权利不被侵犯。

（三）难堪的经历是困境儿童隐私的重要内容

隐私权是"自然人享有的对其个人与公共利益无关的私人信息、私人活动和私人空间等私生活安宁利益自主进行支配和控制，不被他人侵扰的具体人格权"，[①] 隐私权是指"个人对其私领域的自主权利，包括空间隐私和信息隐私。"[②] 萨缪尔·D. 沃伦（Samuel D. Warren）

---

① 杨立新：《人格权法》，法律出版社2015年版，第259页。
② 王泽鉴：《人格权的具体化及其保护范围隐私权篇（中）》，《比较法研究》2009年第2期。

和路易斯·D. 布兰代斯（Louis D. Brandeis）首次提出隐私权的概念和理论以来，逐渐得到了普遍的承认。为保护儿童的隐私权，保护儿童的身心自由免受伤害，《日内瓦儿童权利宣言》《儿童权利宣言》和《公民权利和政治权利国际公约》等主要国际文件，都对儿童隐私权进行了确认与保护。同时，《欧洲儿童权利运用公约》和《非洲儿童权利与福利宪章》等重要的区域性文件也对儿童隐私权予以接纳和认可。这使人们认识到，尊重和保护儿童隐私权是人类社会发展、文明进步的表现。

　　虽然儿童社会生活相对简单，但他们同样拥有纯粹的个人生活，即私生活和个人空间，同样存在许多不愿公开、不愿为他人所知悉的情况和秘密。我国《未成年人保护法》第30条规定：任何组织和个人不得披露未成年人的隐私。现实中侵犯儿童隐私权主要表现为：不当公开儿童以前的不良行为，擅自披露儿童家庭、亲属的某些隐私事件，隐匿、毁弃、非法拆看儿童信件，偷看儿童日记，非法搜查，以不适当方式提供考试分数等。值得注意的是，"困境儿童"即因家庭贫困导致生活、就医、就学等困难的儿童，因自身残疾导致康复、照料、护理和社会融入等困难的儿童，以及因家庭监护缺失或监护不当遭受虐待、遗弃、意外伤害、不法侵害等导致人身安全受到威胁或侵害的儿童。困境儿童不能令人满意的家庭关系、丧失方向和规则以及缺乏供给正是他们不愿意为同学所知的"隐私"，他们不希望这些与他们的努力不相干的因素使他们"被标签"。而这些隐私常常被人有意或无意地侵犯。《未成年人保护法》明文规定法律对未成年人隐私权、名誉权的保护，但是在司法实践中，《未成年人保护法》可诉性并不高，甚至部分媒体和公众对这部法律的内容一无所知。事实上，困境儿童作为儿童中更为弱小的群体，他们需要受到法律的特殊保护，无论他们是作为犯罪嫌疑人（被告人）、受害人，还是犯罪嫌疑人（被告人）的近亲属，他们的隐私权和名誉权都不能被任意侵犯。[①]

第二节　困境儿童人格权益保护的理论阐释

儿童是成长过程中的人类，儿童的弱势地位需要成人社会为其提供特殊的保护，儿童发展着的自由意志也需要在权利实践过程中逐渐成熟。成长的现实、法律和道德共同为儿童权利提供依据，随着社会的进步，儿童的道德权利不断地上升为法律权利进而得到更有利的保护，法律更加尊重儿童的成长现实，特殊保护困境儿童获得了基于正义的支持。

一　哲学基础

（一）分配正义与关系正义

困境儿童的"困境"，是由其自身不可抗的外力造成的，包括不能令人满意的家庭关系、丧失方向和规则以及缺乏供给。[②] 同时，这一"困境"又成为困境儿童改变"困境"的起始阻力。亚里士多德认为，对相同者给予均等对待，对不同者给予不均等对待，就是正当的。相反，对相同者给予不均等对待，对不同者给予均等对待，就是不正当的。[③] 这可以视为持差别对待原则公平观的较早论述。20世纪70年代开始，以约翰·罗尔斯（John Rawls）为代表的政治哲学家丰富了这一原则，提出分配正义论。罗尔斯认为，社会充满不均

---

① 张鸿南：《犯罪新闻侵犯未成年人人格权问题研究》，硕士学位论文，中国政法大学，2011年，第6页。

② 柳华文：《儿童权利与法律保护》，上海人民出版社2009年版，第6页。

③ 钟景迅，曾荣光：《从分配正义到关系正义：西方教育公平探讨的新视角》，《清华大学教育研究》2009年第5期。

等，但不均等并不意味着不公平，只要它符合正义的原则，那就是公平的。在他看来，"正义是一个社会制度的首要善"，一个公平社会之基本结构的设计安排应遵循两个最基本的正义原则：第一，每个人对最广泛的基本自由均应拥有与其他人相应的均等权利；第二，社会的和经济的不均等应该这样安排，使它们既适合于最不利人群的最大利益，又在机会均等的条件下，向所有人开放职务和地位。① 这就是平等自由与差异原则。罗纳德·德沃金（Ronald Dworkin）认为，罗尔斯的"社会产品的不均等分配必须是最有利于那些处于社会最不利地位的人群"的判断是有局限的，因为罗尔斯没有去追问导致这些人处于不利地位的原因。德沃金分析了个体处于不利地位的 3 种原因：一是对自然馈赠的不平等获得，如天赋、健康，德沃金称之为"个人资源"；二是社会经济馈赠的不平等获得，如在既定的社会中处于不利地位的个人社会经济背景、文化语言背景以及种族背景等，德沃金称之为非个人资源；三是个体获得了均等的馈赠，但由于自身的挥霍或不恰当选择致使自身处于不利位置。德沃金指出，对因前两者而导致处境不利者需要通过给予更多补偿以保证其能够发展至与处境有利者相似的层次。对于第一种处境不利者的补偿应该是最基本的，但德沃金不赞同罗尔斯通过给予福利的方式进行补偿，而是主张在处境不利者发展的最初阶段应该给予资源②。阿玛蒂亚·森（Amartya Sen）则认为要帮助其发展能力③，进而提出建立在生存权保护上的发展权的概念，成为第三代人权的主要内容。基于分配正义，困境儿童的人格权益应当受到特别保护。

---

① Rawls J., *A Theory of Justice*, Cambridge, Mass：The Belknap Press of Harvard University Press, 1971.

② Dworkin R., *Sovereign Virtue：The Theory and Practice of Equality*, Cambridge, Mass：Harvard University Press, 2000.

③ Sen, A., *The idea of justice*, Cambridge, Mass：Harvard University Press, 2009, pp. 253-268.

艾瑞斯·M. 扬（Young，I. M.）批评分配正义仅着眼于物质产品和社会位置的分配，忽视了决定位置分配的制度背景，因此提出关系正义理论。他从对"非正义"的界定来解释何谓"正义"。正义就是在社会关系领域对这"压迫"和"控制"的解除与努力，一方面力求将个体从压迫中解放，使其能自我发展；另一方面着力将个体从控制中解救，使其能自我决定。① 现代民法更强调对实质正义的维护，强调对弱势群体利益的保护。在法律规范发展的漫长历程中，儿童作为法律系统中的"非成员"，其人身权和财产权主要涉及两方面：一是独立权利主体的实现问题，即能否得到合乎正义的权利保障；二是作为权利主体以后进入法律系统之中，作为"外来者"的他们在法律实施中能否得到合乎正义的对待，这也正是分配正义与关系正义的问题。因此，在儿童权益法律保护问题的讨论上，有关分配正义与关系正义的理论不失为恰当的分析视角。

（二）关怀理论关于病态关怀现象的分析

"关怀是人类生活中的一个基本要素，不可以被视为可有可无的"。② 本文关于困境儿童人格权益法律保护的研究受到内尔·诺丁斯（Nel Noddings）关怀理论和其背后的人本主义哲学的积极影响。诺丁斯从探讨伤害及其合理性根源出发，对两种病态关怀现象进行了集中考察。诺丁斯指出，伤害一般都会牵涉到"道德上的不公正对待"，③ 免受伤害是人的一种基本需要。各国儿童法虽然有明确禁止侵害儿童的生命健康、名誉和隐私等人格权益，但是"无援助义务"的原则却常常导致道德情境中的袖手旁观。比如，面对处在监护侵害

---

① Young，I. M.，*Justice and the politics of difference*，Princeton NJ：Princeton University press，1990，pp. 91-92.

② ［美］内尔·诺丁斯：《始于家庭：关怀与社会政策》，侯晶晶译，教育科学出版社 2006 年版，第 10 页。

③ ［美］内尔·诺丁斯：《始于家庭：关怀与社会政策》，侯晶晶译，教育科学出版社 2006 年版，第 10 页。

中的困境儿童，邻居只是怜惜却不采取法律手段帮助困境儿童逃离风险；在校园霸凌下的儿童被拍摄裸照上传到网络，人们尽管谴责欺凌者但还是继续点击和传播等。另一种"关怀病态"表现为具有法律合法性或道德合理性的伤害，以及以关怀之名施加的伤害等。文化习俗和仪式规训等严密细致的社会脚本致使人们的行为不能自然而然；社会化则使人进入对立模式，其强力方式甚至让伤害行为成为正当。比如，"棍棒出孝子"给监护侵害以说辞；"培养孩子独立"给监护缺失、儿童留守粉饰。诺丁斯认为，有必要进一步区分真正的关怀与虚假的关怀，以及产生可悲后果的关怀。其中，"非自由关怀"在亲子关怀关系中最为常见，主要表现为"需要自由被干预的关怀"和"需要自由被预设的关怀"两种形式，父母及教师以"关怀"之名侵犯儿童隐私权，以"矫正"之名侵犯儿童的名誉权。正如诺丁斯的关怀理论所指出的那样，几乎在每一个相遇案例中，都可以看到义务感发生的可能性。但是，人们的回应却不大相同，有人接受义务感而达成关怀，也有人拒斥义务感而放弃关怀。无论是父母、监护人或是其他成人都对儿童负有关怀的义务，但是他们中的部分人缺乏这种义务感，放弃对儿童的关怀，这是困境儿童产生的重要原因之一。关怀理论追问"如何才能构建一个更具同情心并充满喜悦、使善成为可能、使大部分人关怀性回应他人成为可能的世界？"这一追问同样是法社会学关于从"良法"如何到"良法善治"研究的核心问题，即如何让具有法律效力的法律产生法律实效。

二 法社会学基础

1959 年《儿童权利宣言》序言中明确了发布《宣言》的起因和目的，即"重申对基本人权和人格尊严与价值的尊重，并决心在更大的自由中促进社会进步和改善生活水准"；"人人均得享有宣言中所说明的一切权利和自由，不因诸如种族、肤色、性别、语言、宗教、政见或其他意见国籍或社会阶级、财产、出身或其他身份而有任何差别"；"鉴于儿童因身心尚未成熟，在其出生以前和以后均需要特殊的保护及照料，包括法律上的适当保护"；"鉴于人类有责任给儿童以必须给予的最好待遇"。联合国大会发布这一儿童权利宣言"以期儿童能有幸福的童年，为其自身的和社会的利益而得享宣言中所说明的各项权利和自由，并号召所有父母和一切男女个人以及各自愿组织、地方当局和各国政府确认这些权利"，并根据 10 项原则逐步采取立法和其他措施力求这些权利得以实行。对法律实效的研究是法社会学的核心任务之一。出于对幼弱者的"同情"和"怜爱"，绝大多数的成人保护儿童的生命健康，关注儿童的身体成长。但是，由于人们习惯于把儿童当作成人世界所支配的对象或是附属物，成人世界对于儿童心灵的漠视就变得自然而然了。约翰·密尔（John Mill）关于儿童和成人关系的论述反映了这一状况，"现在的一代对于未来的一代，既是施行训练的主持人，也是全部环境的主导者。"[1] 成人更多地是把儿童当作柔弱、缺乏理性思考能力的保护对象来看待，因此，成人往往将自己的意志和价值观强加给儿童，很少听从儿童心灵的呼唤。正如《弟子规》颂扬的"父母呼，应勿缓"那样，只要父母的召唤了，儿童就得放下自己的手中的事情去应和，而不论情境。事实上，儿童是最有创造力的，自由和尊严是其保持创造力的社会基础，儿童是独立的人格权利主体，关注儿童心灵，尊重儿童的隐私权和名誉权与尊重儿童的生命健康权同样重要。

（一）埃里希的活法理论

18 和 19 世纪以前，法学一直是概念法学，重视法条。随着社会的发展，国家对社会生活的各个领域的控制大大加强，法律的社会功能也因此不断扩张。仅对实在法进行逻辑推理与分析，依靠纯粹的法

---

[1] ［英］约翰·密尔：《论自由》，许宝骙译，商务印书馆 1959 年版，第 98 页。

条，已无法满足这种新的社会需求。法律有深刻的社会根源，如监护人侵害、留守儿童的大量出现、网络社会、人们对隐私的窥视，法学家们必须要研究法条之外的问题：法律如何发展，法律怎样成为控制社会的工具，如何扩大法律的功能和增强法律的效果等问题。

因首倡"法律社会学"概念而被奉为法律社会学奠基人的奥地利法学家尤根·埃里希（Eugen Ehrlich），关注法律在现实生活中的实际运作。在他看来，人类社会的秩序是基于法律义务能够得到履行而不是不履行法律义务将受到制裁，同理，他认为制裁与赔偿并非法律的本质，法律实质上是一种规范与引导，而且法律规范只能是规范中的一小部分。① 他主张从实用性观点和获取知识上来理解法律，也就是在现实生活中，法律实际发挥的功能与效力来界定和理解法律。他认为：活的法律，就是"支配生活本身的法律，尽管这种法律并不曾被制定为法律条文。"它的价值就在于"构成了人类社会法律秩序的基础"。② 法律规范要求监护人关注和爱护被监护人的身体和心理健康，维护被监护人的利益，但是这一规定并没有被所有的监护人贯彻到现实中，监护侵害屡禁不止。显然，法律的生命在于实施。借鉴尤根·埃里希的"活法"理论，从构建困境儿童保护的法治生态的角度，分析影响法律实效的其他规范的工作才有意义。试想，在"撤销监护资格"这一法律规范的执行中，针对部分监护人"如释重负"般的消极应对，法律规范的强制力式微。那么，关于对"被撤销监护资格"的家长采取的"低保资格剥夺""社会信誉剥夺""职业发展"的行政政策则可能提升"撤销监护资格"这一法律规范产生的实效。

----

① 何珊君：《法社会学》，北京大学出版社 2013 年版，第 44 页。
② ［奥］尤根·埃里希：《法律社会学基本原理》，叶名怡等译，九州出版社 2007 年版，第 71 页。

（二）霍姆斯的"坏人"理论

"坏人"理论是霍姆斯（Oliver Wendell Holmes）在《法律之道》中提出的最引人注目的理论。作为法官的霍姆斯认为"法律的生命在于经验而不是逻辑；普遍命题不解决具体案件"。人格权的保护不能涵盖困境儿童人格的全部利益保护，霍姆斯通过利益衡量的试错方式，以"驱散道德与法律之间的混淆"，试图"建立起一个没有道德谱系而只有规则谱系的法律规则"。① 霍姆斯是把坏人作为好人的对照提出来的。所谓好人，他认为就是有良知的人，即能够"在模模糊糊的良知约束之下，要为他的行为寻求根据，无论这些根据是在法律之内还是之外的人"。"坏人是一个遵守法律的理性的算计者"②，坏人把"损害"看作是"违约或过失行为所交纳的税"，如此就免除了行为的所有道德责任。在困境儿童人格权益的法律保护过程中，无论是以监护侵害为特征的生命健康权益侵害，还是以披露使困境儿童难堪的个人和家庭信息，以及降低困境儿童社会评价的名誉权益的侵害。侵权人通常都知道侵权后果对困境儿童的危害，但还是以"管教""了解""维护"为托词为自己的行为开脱。所以，有必要从提高整个社会的"良知"的角度关注法治生态的建设。

（三）赫希的社会控制理论

社会控制理论是从社会学的角度分析犯罪原因的重要犯罪学理论之一。美国犯罪学家特拉维斯·赫希（Travis Hirschi）受霍姆斯的"坏人理论"和法国社会学家爱弥尔·迪尔凯姆（Emile Durkheim）的失范理论的影响，认为每个人都是潜在的犯罪人。社会控制理论认为犯罪学研究的焦点问题应当是"大多数人为什么不犯罪"的问题，

---

① ［美］斯蒂文·J·伯顿：《法律的道路及其影响：小奥利弗·温德尔·霍姆斯的遗产》，张芝梅等译，北京大学出版社 2005 年版，第 45 页。

② ［美］斯蒂文·J·伯顿：《法律的道路及其影响：小奥利弗·温德尔·霍姆斯的遗产》，张芝梅等译，北京大学出版社 2005 年版，第 45 页。

并得出结论：人之所以犯罪，是由于控制或抑制人们不犯罪的力量的薄弱的缘故。赫希将这种控制或抑制人们不犯罪的力量称为"社会联结"，它主要由4个方面的要素构成：依恋、奉献、参与和信念。所以，在赫希看来，从这4个方面增强个人同社会的联系就能很好地达到防控犯罪的效果。这为我国制定犯罪防控对策提供了重要启示：一方面从法律的层面关注困境儿童，特别是尊重和保护儿童的人格权益，可以从宏观层面来强化个人同社会整体之间的联系，防控犯罪——加强依恋、深化参与、投入奉献、增强依恋；另一方面可以从微观层面来增强个人同家庭、学校、社区的联系，防控犯罪——强化家庭教育功能，构建和谐家庭关系；创设安定社区环境，建构保护儿童的法治文化和法治社会。

（四）凯尔森论法律效力与法律实效

法律本身具有实效，即规定了制裁的法律规范的思想推动了人们的行为，对他们行使了心理上的强制。纯粹法学的代表人物汉斯·凯尔森（Hans Kelsen）指出，纯粹法学是以现实作为研究对象的，但这种现实是"实在法"，是法律现实，而不是作为自然科学研究对象的自然现实。法律现实是指法律规范或作为这种规范整体的法律秩序，它规定人们"应当如何行为"（ought to behave in a certain way），这是一种规范关系、服从关系。至于人们"实际上如何行为"（actually behave in a certain way）是一种因果关系，它是一种自然现实，属于社会学研究的对象。[①] 凯尔森认为"应当"和"现实"的区别，对法律而论，就是指法律的"效力"（validity）和"实效"（efficacy）的区别。"法律效力"指法律规范有拘束力，人们应当像法律规范规定的那样行为，应当遵守和适用法律规范。"法律实效"是指人们实际上就按照规范所规定的那样行为，法律规范实际上被遵

---

① 沈宗灵：《现代西方法理学》，北京大学出版社2012年版，第123页。

守和适用。效力是法律的特征，实效是人们实际行为的特征，法律有实效是指人们的实际行为符合法律规范。我国制定和执行的儿童权益保护规范相对完善，可是困境儿童的生命健康、名誉、隐私等人格权益被侵害的现象仍然严重，影响儿童人格权益保护法律规范效力产生法律实效的因素有哪些？这是在构建困境儿童人格权益保护法治生态过程中必须思考的问题。

三 心理学基础

儿童的心理安全是其健康成长、体验幸福和获得掌控感的前提，心理安全的基础是明确的归属。联合国《儿童权利公约》第 8 条规定"尊重儿童维护其身份包括法律所承认的国籍、姓名及家庭关系而不受非法干扰的权利"。

（一）习得性无助诱发意志瘫痪

马丁·塞利格曼（Martin Seligman）发现被关在笼子里而无法逃避电击的狗，会习得一种无助感。之后，这些狗就算处在其他可以逃避惩罚的条件下也只会被动地畏缩。而这种情境在人类行为中同样存在，抑郁或遭遇不利暗示的人变得被动，是因为他们认为自己的努力没有任何作用。无助的狗和被标签了的人都遭遇了意志瘫痪，被动顺从，甚至死气沉沉地冷漠。① 儿童与成人不同，他们对自己的认识和评价更多来源于重要他人的评价，当老师和同伴把他们标签为"差生""坏孩子"以后，他们便陷入了"习得性无助"，失去了效能感和控制感，失去了扭转败局的意志。人们时常感到法律上的基于客观性名誉权的保护对于儿童是没有意义的，因为对儿童名誉权的侵犯往往是长期的、弥散性的，没有一个具体的"案件"存在，达不到侵

---

① ［美］戴维·迈尔斯著：《社会心理学》（第 8 版），张智勇等译，人民邮电出版社 2006 年版，第 43 页。

害名誉权责任的构成要件，即具体的、诽谤、侮辱以及其他侵害名誉权的行为。而且，针对儿童的名誉权侵害也缺乏"加害行为特定的侵害对象"。名誉权保护中的"名誉"，只能是特定人的名誉，"只有指向特定的人的行为才构成对他人名誉权的侵害；未指向特定人的行为不能认定为侵害名誉权行为。"① 那么，关于农村留守女童遭遇性侵害的比例之大的报道，尽管没有"指名道姓"，是否就没有侵犯广大留守女童的名誉权？是否为她们未来的婚恋埋下被怀疑"不贞"的阴影？法律从来就没有和伦理脱节过，所以，保护儿童名誉感应是儿童名誉权保护的特殊要求。

（二）自证预言失去行为能力

"自证预言"由罗伯特·默顿（RobertC Merton）提出的用以指"开始时错误的情境定义引发了一种新的行为，正是这种行为使原初的错误定义成为真实的"。当名誉感长期被贬损，受侵害者就会认同这一评价，进而知觉自己就是这样的人，而评价是公允的。由于评价最终得到证实，因而行动者有理由相信，从一开始他们就是正确的，他们的评价只是预见了现实，但受侵害者忘记了自身在导致这一结果出现的过程中所扮演的角色。根据默顿的表述，人们可以认为，处境不利儿童学业成就的落后，与名誉感的侵害直接相关，是低的名誉感影响了他们的自尊，进而陷入"习得性无助"，最终被"言中"，实现自证预言。困境儿童由于被贴上了"不利"的标签，这将进一步限制其发展机会。由于缺乏抗逆力，部分处境不利儿童出现健康问题，有更多儿童的学校表现不佳，有更多儿童不能有效地融入学校和社区同龄人的社会活动当中，有更多儿童违法犯罪。留守儿童由于在家缺乏亲子情感的互动和有效的监督管制，社会也没有主动为其提供一些必要的活动支持，严重减少了他们与社会联系的机会，降低了社

---

① 杨立新：《人格权法》，法律出版社 2015 年版，第 221 页。

会卷入度，致使留守儿童对社会行为规范的认同度也低，从而更容易出现失范行为。消极亚文化的浸染强化了留守儿童的错误认知。比如，校园欺凌文化、"追星"文化、烟酒文化、网游文化等，均会给留守儿童的身心发展带来一定的负面影响。近年来，校园欺凌已经成为我国教育部门不可忽视的一个重要问题，几乎每个学校存在不同程度的欺凌现象，留守儿童也可能成为校园欺凌的受害者。一方面，留守儿童容易受到欺凌者的影响，一旦以欺凌者为"榜样"，会使其容易加入欺凌者的行列，出现欺凌行为；另一方面，留守儿童作为被欺凌者，不仅会给他们的身心造成较大的伤害，长此以往，也可能会使其采取过激行为进行反抗。由于消极亚文化往往能够留守儿童提供一定的身体上的享受或心灵的慰藉，其影响往往比学校宣传的主流文化更大，容易使他们产生违法犯罪行为。

心理学对儿童需求、个性和心理行为特征的考察为儿童权利伸张提供了科学基础。本书的研究目的不仅在于保护困境儿童的人格权益，更是希望通过对困境儿童自由和尊严的保护预防犯罪。犯罪心理学中"标签理论"认为："一个人之成为犯罪人，往往是由于家庭中之父母、学校的教师、警察机关、司法机关以及矫治机构，在处理个人之偏差或违法行为时，对行为人加上了坏的标签，如坏孩子、败家子、问题学生、不良少年、犯罪人、受刑人、前科者等之烙印，致使不但行为人自己在不知觉中修正自我印象，确认自己为坏人，而且社会对其予以不良之评价、歧视及排斥等，使偏差行为者陷入更严重的偏差行为，越陷越深。"① 被害人学依据：避免"二次被害"与"恶逆变"。被害人学的研究成果表明：社会纠纷和法律纠纷中的被害人需要特别的保护，否则，在相关事件的处理过程当中及前后，其一方面可能遭受"二次被害"，即犯罪被害人的身份信息公开可能对其造

① 张甘妹：《犯罪学》，（台北）汉林出版社1983年版，第32页。

成巨大的心理压力，甚至是负面的社会评价；另一方面其甚至会发生"恶逆变"，即由被害人逆变为加害人，如出于报复心理。对于身心稚嫩的儿童而言，这种"二次被害"和"恶逆变"的可能性就更为显著了。因而，对其被害的不利身份信息予以特别的隐私权保护，也就成为了相关法律对策中不可或缺的一环。

第三节　困境儿童人格权益的人权基础与规划框架

从法律的发展趋势来看，立法最初主要承认对生命、健康等物质性人格权的保护，后来逐渐对个人基于社会属性而产生的人格权提供保护，名誉权、隐私权等人格权的重要性日益凸显，精神性人格权益的承认与保护也逐渐成为法律关注的重心。对困境儿童的单独研究体现的是民法的人文关怀。"所谓人文关怀，是指对人自由和尊严的充分保障以及对社会弱势群体的特殊关爱。"①困境儿童人格权益保护中，生命健康、获得公正社会评价和生活安宁的人格利益应当是首先被关注的。

一　《儿童权利宣言》倡导儿童保护的十项原则

1924 年《日内瓦儿童权利宣言》提出"所有国家的男女都应该承认人类负有提供儿童最好东西的义务"，这是从突破某一国家的范围，从世界角度对儿童保护提出建议的开始。1948 年，联合国通过《世界人权宣言》第 25 条第二款提出"儿童有权享受特别照顾和协助，一切儿童，无论婚生或非婚生，都应享受同样的社会保护"。

---

① 王利明：《人文关怀与人格权独立成编》，《重庆大学学报》（社会科学版）2016 年第 1 期。

1959 年联合国通过的《儿童权利宣言》（Declaration of the Rights of the Child）提出儿童应享有的基本权利，规定了儿童应享有健康成长和发展、受教育的权利。《宣言》还指出儿童在任何情况下都应首先受到保护和救济，不应受到任何形式的忽视、虐待和剥削，并为儿童权利的实现确立了 10 条原则。

（一）非歧视、无差别对待所有儿童

"儿童应享有本宣言中所列举的一切权利。一切儿童毫无任何例外均得享有这些权利，不因其本人的或家族的种族、肤色、性别、语言、宗教、政见或其它意见、国籍或社会成分、财产、出身或其他身份而受到差别对待或歧视。"

（二）特别保护、以儿童的最大利益为首要考虑

"儿童应受到特别保护，并应通过法律和其它方法而获得各种机会与便利，使其能在健康而正常的状态和自由与尊严的条件下，得到身体、心智、道德、精神和社会等方面的发展。在为此目的而制订法律时，应以儿童的最大利益为首要考虑。"

（三）儿童的保护归属，拥有姓名和国籍

"儿童应有权自其出生之日起即获得姓名和国籍。"我国《民法典》人格权编第 1001 条规定了"身份请求权"，赋予自然人社会身份。

（四）营养和医疗保障、儿童有健康成长和发展的权利

"儿童应享受社会安全的各种利益，应有能健康地成长和发展的权利。为此，对儿童及其母亲应给予特别的照料和保护，包括产前和产后的适当照料。儿童应有权得到足够的营养、住宅、娱乐和医疗服务。"

（五）给予困境儿童特别的治疗、教育和照料

"身心或所处社会地位不正常的儿童，应根据其特殊情况的需要给予特别的治疗、教育和照料。"

（六）儿童尽可能在父母的照顾下，支持家庭进而保护儿童

"儿童为了全面而协调地发展其个性，需要得到慈爱和了解，应当尽可能地在其父母的照料和负责下，无论如何要在慈爱和精神上与物质上有保障的气氛下成长。尚在幼年的儿童除非情况特殊，不应与其母亲分离。社会和公众事务当局应有责任对无家可归和难以维生的儿童给予特殊照顾。采取国家支付或其他援助的办法使家庭人口众多的儿童得以维持生活乃是恰当的。"

（七）儿童的父母首先负有教育子女的责任

"儿童有受教育之权，其所受之教育至少在初级阶段应是免费的和义务性的。儿童所受的教育应能增进其一般文化知识，并使其能在机会平等的基础上发展其各种才能、个人判断力和道德的与社会的责任感，而成为有用的社会一分子。儿童的最大利益应成为对儿童的教育和指导负有责任的人的指导原则；儿童的父母首先负有责任。儿童应有游戏和娱乐的充分机会，应使游戏和娱乐达到与教育相同的目的；社会和公众事务当局应尽力设法使儿童得享此种权利。"

（八）优先保护和救济儿童

"儿童在一切情况下均应属于首先受到保护和救济之列。"

（九）儿童不受一切形式的忽视、虐待和剥削

"儿童应被保护不受一切形式的忽视、虐待和剥削。儿童不应成为任何形式的买卖对象。儿童在达到最低限度的适当年龄以前不应受雇用。绝对不应致使或允许儿童从事可能损害其健康或教育、或者妨碍其身体、心智或品德的发展的工作。"

（十）保护儿童不沾染歧视的态度和习惯

儿童应受到保护使其不致沾染可能养成种族、宗教和任何其它方面歧视态度的习惯。应以谅解、宽容、各国人民友好、和平以及四海之内皆兄弟的精神教育儿童，并应使他们充分意识到他们的精力和才能应该奉献于为人类服务。

《儿童权利宣言》作为倡议书不具有法律效力，"随着人权法的发展，许多国家呼吁制订一项全面规定儿童权利、具有广泛适用意义并具有监督机制的专门法律文书"，以"促使国际社会在保护儿童权利问题方面能够普遍承担义务"。

二 《儿童权利公约》确定了儿童保护的基本原则

在《儿童权利宣言》提出 30 年后，也即"国际儿童年"提出 10 年后的 1989 年，联合国人权委员会完成了公约的拟定工作，并经由经济及社会理事会提交联合国大会，第 44 届联合国大会于 11 月 20 日第 25 号决议通过了《儿童权利公约》（Convention on the Rights of the Child）。《儿童权利公约》所包含的权利项目基本涵盖了成人权利的内容，突破了此前两个儿童权利宣言的内容，缩小了成人和儿童在政治权利方面的差别。《儿童权利公约》树立了儿童权利保护的最高标准，规定儿童权利保障的原则包括无歧视原则、尊重儿童原则、最大利益原则和多重责任原则。《儿童权利公约》是第一部有关保障儿童权利且具有法律约束力的国际性约定，于 1990 年 9 月 2 日在世界生效。1990 年 8 月 29 日，我国政府签署了《儿童权利公约》，成为第 105 个签约国。1990 年 9 月，在《儿童权利公约》刚刚生效之后，世界儿童问题首脑会议在纽约联合国总部召开，作为历史上第一次专门讨论儿童问题的首脑会议，会议通过了《儿童生存、保护和发展世界宣言》和《执行九十年代儿童生存、保护和发展世界宣言行动计划》，成为国际社会对保护儿童权利所做的政治承诺和具体方案。我国宪法第 49 条第 1、4 款规定："婚姻、家庭、母亲和儿童受国家的保护。""禁止破坏婚姻自由，禁止虐待老人、妇女和儿童"，并于 1991 年制定了《未成年人保护法》（2006、2012 年修订）。1991 年 12 月 29 日第七届全国人民代表大会常务委员会第 23 次会议决定批准中国加入《儿童权利公约》，同时声明：中华人民共和国将在符合其宪法第 25 条关于计划生育的规定的前提下，并根据《中华人民共和国未成年人保护法》第 2 条的规定，履行《儿童权利公约》第 6

条所规定的义务。公约于 1992 年 4 月 2 日对中国生效，我国成为公约的第 110 个批准国。2000 年 5 月，联合国大会在《儿童权利公约》框架基础上通过了《关于儿童卷入武装冲突问题的任择议定书》和《关于贩卖儿童、儿童卖淫和儿童色情的任择议定书》，以推动国际社会努力保护儿童、消除日益猖獗的残害儿童犯罪活动。

（一）儿童最大利益原则

儿童的利益和安宁是联合国成立后密切关注的问题，基于此，联合国最初采取的行动之一就是于 1946 年 12 月 11 日设立了联合国儿童基金会。1948 年，联合国大会通过的《世界人权宣言》承认儿童必须受到特殊的照顾和协助；1959 年 11 月 20 日通过《儿童权利宣言》，进而在 1989 年通过具有国际法律效力保护儿童的权利的《儿童权利公约》。《儿童权利公约》第 3 条第 1 款明确了儿童最大利益原则（the best interests of the child）为儿童权利保护基本法律原则①。该原则和权利规定儿童的最大利益必须成为所有与儿童有关的活动的一种首要考虑。它与弱势儿童极为相关，因为他们处于边缘化、不稳定或者脆弱的处境，阻碍他们及其父母有效地表达自己的利益。因此，极端重要的是，保证在所有影响他们的事项上考虑他们的利益。这是一项程序性的权利，这意味着必须有程序保证这些儿童的利益在决策中得到尊重。

（二）非歧视原则

《儿童权利公约》"序言"中强调：按照《联合国宪章》所宣布的原则，对人类家庭所有成员的固有尊严及其平等权利的承认，是世界自由、正义与和平的基础，重申对基本人权和人格尊严与价值的信念，并决心促成更广泛自由中的社会进步及更高的生活水平。强调

---

① 《儿童权利公约》第 3 条第 1 款规定：关于儿童的一切行为，不论是由公私社会福利机构、法院、行政当局或立法机构执行，均应以儿童的最大利益为一种首要考虑.

"人人有资格享受这些文书中所载的一切权利和自由，不因种族、肤色、性别、语言、宗教、政治或其他见解、国籍或社会出身、财产、出生或其他身份等而有任何区别"。"非歧视原则"的提出不是因为儿童受到法律或其他规章的直接歧视，而是要申明儿童在需要服务或者其他措施时，不能获得某种增加的支持，而处境不利儿童需要这种额外的支持。"非歧视原则"体现了"解放论者"倡导的"平等考虑理念"，是"人人生而平等"在儿童权利保护中的体现。与"儿童最大利益原则"一道，成为对处境不利儿童人格权益的保护也是基础性的原则。研究者们也称"非歧视原则"为"平等保护原则"，认为平等比无歧视的外延更广，既要求防止差别待遇，又要求对特殊群体实行特殊的保护。防止因为消除了形式上的差别而造成的实质上的不平等。因此，平等保护原则是根据儿童的特点和生活的环境的不同，而在具体的权力行使上给予其特殊保护，在儿童享受权利时，不能对他们的资质有所歧视。

（三）多重责任原则

不具备抚育儿童标准的家庭通常会对子女忽视或放弃，以至于危及其生命。同样，在后面的童年中，偏离了预期也容易引发忽视、丧失照顾从而更处于弱势地位的后果。该条款强调，需要严格保护儿童不受家庭或所有形式的儿童机构的暴力，在这些机构儿童较其他儿童有更高的死亡比例。儿童权利的实现，基于儿童自身年龄、智力、能力等的限制，需要儿童外的其他主体包括家庭、学校、社会和国家等来共同承担相应的责任，这就是儿童权利保护里的多重责任原则。多重责任原则对儿童免受性侵害权利保护制度的设计和落实起着非常重要的指导作用，它帮助制度设计者厘清不同主体在不同环节应当承担的具体责任，并思考如何使它们比较好的配合起来共同保护儿童免受性侵害权利。2015 年 1 月我国开始施行《关于依法处理监护人侵害未成年人权益行为若干问题的意见》，《意见》中对公安机关、民政部门、人民法院和人民检察院作为具体义务主体的职责一一进行了明确，正是多重责任原则在司法实践中的具体表现。2016 年 11 月，教育部等 9 部门印发的《关于防治中小学生欺凌和暴力的指导意见》，2017 年 12 月教育部等 11 部门联合印发的《加强中小学生欺凌综合治理方案》，立足教育防范，健全长效机制切实加强中小学生欺凌综合治理，同时具体规定了各部门在治理中小学生欺凌中的职责。看似学校空间内的学生管理实务，检察部门也需要参与其中，探索建立有严重不良行为未成年人的临界预防机制；建立校检合作开展法治教育长效机制，深化犯罪预防工作，培养中小学生法治意识、规则意识，提高他们遵纪守法的自觉性和自护防卫能力。

（四）尊重儿童意见原则

联合国《儿童权利公约》第 12 条规定"确保有主见能力的儿童有权对影响到其本人的一切事项自由发表自己的意见，对儿童的意见应按照其年龄和成熟程度给予适当的看待"。尊重儿童意见原则涉及儿童根据年龄和成熟程度使他或者她的意见受到尊重的权利，是对儿童"非歧视""最大利益保护"的现实体现。儿童没有决策权，但是儿童有权参与决策的过程。该原则与弱势儿童有特别的关系，如父母外出打工要征求孩子的意见，因为父母很难真正了解儿童在离开父母照顾后的真实处境。对于罪错儿童更是如此，面对压力，在敢于解释之前需要许多鼓励，因为他们担心自己会被产生偏见，因为他们知道有一种不考虑导致他们弱势的生存环境而对他们做有罪推定的倾向。

三　中国儿童发展规划确立了儿童最大利益原则①

我国政府一直致力于"织密社会保障的安全网"，把困境儿童保

---

① 李洪波：《实现中的权利：困境儿童社会保障政策研究》，《求是学刊》2017年第 2 期。

障作为社保兜底机制的重要内容，把困境儿童生存保障作为国家的最低核心义务之一。发展权是基于弱者更好生存的权利，它最早出现在1969年《不发达国家的发展权利》报告中。发展权包括获得食物权、身心保健权、受教育权、住房权以及经济、社会和文化权利等诸多要素。在已经被国际社会普遍认可的儿童的4项基本权利中，发展权是其核心，也是各国儿童福利政策的目标。从上世纪90年代开始，我国政府已经制定和实施了3个《中国儿童发展规划纲要》，作为儿童发展的顶层设计，其演进突显出对儿童发展权的保护。

在儿童发展问题上，我国从儿童优先发展过渡到儿童利益最大化的原则，充分体现了国家在儿童问题上立场的坚定。《九十年代中国儿童发展规划纲要》把重点首先放在"人口、计划生育"上，强调"控制人口数量、提高人口素质的基本国策"，在此基础上，关注"妇幼保健与营养""安全饮水和卫生处置排泄物""扫除青壮年文盲""发展社区教育"。在"保护处于困难条件下的儿童"中还是把重点集中在残疾患儿的早期诊断、护理、康复和教育工作上，把经济困难儿童的救助还放在继续实施"希望工程"，帮助家庭经济困难的儿童就学的层面。

联合国《儿童权利公约》强调的儿童最大利益原则，确定了儿童权利优先地位。《中国儿童发展纲要（2011—2020）》中指出我国儿童的权利不仅要用法律手段来保障，还要政策手段加以强制，因为儿童权利的保护是独特的，在法律的实施过程之中要时刻坚持儿童最大利益原则。"每个人都被赋予决定将自己的事情不公之于众的权利，也都有免受他人干扰的权利"。新世纪之初，流动儿童、留守儿童的保健、教育、保护问题成为重大社会问题，侵害儿童人身权益的违法犯罪行为时有发生。在这一背景下，《中国儿童发展规划纲要（2001—2010年）》明确提出"儿童优先"原则，提出了"依法保障儿童生存权、发展权、受保护权和参与权"、"优化儿童成长环境，使困境儿童受到特殊保护"，使我国困境儿童特殊保护上升到儿童发展规划的高度。

在这期间，我国政府修订了《预防未成年人犯罪法》、《未成年人保护法》、《义务教育法》，专门就留守儿童和流动儿童问题进行了法律规定。儿童的健康问题、教育问题、法律保护、环境支持等问题被高度重视。如1991制定、2006年修订的《中华人民共和国未成年人保护法》，明确通过家庭保护、学校保护、社会保护和司法保护实现儿童的生存权、发展权、受教育权和参与权；1986年制定、2006年修订的《中华人民共和国义务教育法》使包括留守儿童、流动儿童在内的困境儿童接受义务教育权利通过"两为主"政策的合法化和义务教育的户籍制分割的取消得以实现。

基于此，国外对困境儿童的相关扶持策略也被介绍到我国。比如，美国的虐童预防中心关于减少生活负担过重且有暴力隐患家庭对3—5岁儿童的侵害可能而采取的家访和亲子关系训练；以及实施早期开端计划，为0—3岁低收入家庭提供婴幼儿早期发展服务，为困境家庭孕妇提供孕妇产前健康检查，并通过为父母提供可从事的工作实现父母的经济独立等。这些策略后来在我国关于困境儿童权益保障的措施中有所显现。《中国儿童发展纲要（2011—2020年）》首次在"目标与策略措施"中提到"儿童与福利"，明确要扩大儿童福利范围，推动儿童福利由"补缺型"向"适度普惠型"转变，在儿童健康、教育、福利、社会环境和法律保护5个领域设置了52项主要目标，提出了67项策略措施。

新的儿童发展纲要敦促一系列针对不同类型困境儿童社会保障内容的政策出台，2015年的《关于依法处理监护人侵害未成年人权益行为若干问题的意见》，标志着落实儿童监护的国家责任进入操作阶段。2016年的《关于加强困境儿童保障工作的意见》，在明确自身残障儿童、贫困家庭儿童、家庭监护缺失或监护不当儿童为"困境儿童"的基础上，形成家庭尽责、政府主导、社会参与的困境儿童保障工作格局，使我国儿童福利政策从对"孤儿"的救助上升到对"困境儿童"的救助，是儿童福利政策的一个重要的转折点。

本章小结

黑格尔说："成为一个人，并尊重他人为人"。我国民法通过保障人格权益，提醒公民时刻注意自身的地位和价值，并敦促充分地尊重他人的独立地位和价值。儿童的法律意识和法治精神直接决定了一个社会的法律样态。人格权益的享有和实现对于培养独立的人格意识和塑造健全人格是十分必要的。困境儿童作为人口中的绝对弱势，对其人格权益的保障体现了民法的人权精神。

本章以类型化的方式界定了"困境儿童"的范围，并对不同"困境"的成因进行了分析。根据困境儿童与普通儿童典型的差异，即由于家庭监护缺失、家庭监护不力造成的贫困、弱小、无助等不利境遇，从维护困境儿童人格尊严的一般人格利益入手，特别关注困境儿童生命健康权、名誉权和隐私权这 3 项具体人格权的法律保护问题。从我国儿童发展规划和儿童福利框架中找到困境儿童人格权益法律保护的现实支撑，即我国政府正在推动儿童福利由补缺型向适度普惠型转变。《关于依法处理监护人侵害未成年人权益行为若干问题的意见》《关于加强困境儿童保障工作的意见》等政策的出台，为困境儿童人格权益的法律保护提供了政策支持和社会支持。

第二章　困境儿童人格权益损害的实证分析

第一节　困境儿童生命健康权益遭受侵害

"父义，母慈，兄友，弟恭，子孝"。（《史记·五帝本纪》）幸福的家庭简单、安宁祥和，所以，幸福只有一种令人向往的模式，然而不幸却有千万种悲伤的过程。社会中存在的儿童的状况远比我们想象的要多样和复杂，随着婚前同居、非婚生子、婚姻破裂的社会现象越来越"普遍"，部分儿童常常处在原生家庭解体、破裂、冷漠的困境中，甚至成为家庭暴力的牺牲品，其生命权益、健康权益被侵犯，却无力改变。《民法典》第 783 条规定："自然人享有生命权，有权维护自己的生命安全。任何组织或者个人不得侵害他人的生命权"；第 784 条规定："自然人享有身体权，有权维护自己的身体完整。任何组织或者个人不得侵害他人的身体权"；第 785 条规定："自然人享有健康权，有权维护自己的身心健康。任何组织或者个人不得侵害他人的健康权"；第 786 条规定："自然人的生命权、身体权、健康权受到侵害或者处于其他危难情形的，负有法定救助义务的机构和人员应当依法及时施救。"《中华人民共和国反家庭暴力法》对"家庭暴力"下的定义"是指家庭成员之间以殴打、捆绑、残害、限制人身自由以及经常性谩骂、恐吓等方式实施的身体、精神等侵害行为。"《民法总则》第35条规定:"监护人应当按照最有利于被监护人的原则履行监护职责。"《关于依法处理监护人侵害未成年人权益行为若干问题的意见》中明确了"监护侵害行为"的概念,即"未成年人的监护人通过对其进行身体上的家暴行为,强制未成年人从事非法活动,同时以欺骗、威胁的方式迫使未成年人进行各种不健康的并带有危害行为的违法活动"。这一概念符合世界卫生组织关于虐待儿童的法律规定。监护人作为儿童的事实保护者,有责任保护儿童不受到侵害并健康成长,然而,在现实中,部分监护人的行为却对儿童的身心造成了不可挽回的损失,虐待、忽视等行为已经成为儿童心中挥之不去的童年阴影。本节针对"困境儿童"相较于普通儿童最特殊的特点,即监护人不尽责的现实,从监护侵害的角度对发生在留守儿童、流浪儿童、原生家庭解体儿童的生命健康权益案件进行分析。

一 监护人侵害儿童的生命权益

"生命权是以自然人的生命安全利益为内容的人格权,法律上的生命具有特定的含义,其是指作为法律主体存在的自然人的最高人格利益。生命是个人享有其他人格权益和财产权益的前提和基础。"①联合国《儿童权利公约》第6条规定"每个儿童有固有的生命权,各国应最大限度地确保儿童的生存与发展",我国《宪法》第33条第3款规定,"国家尊重和保障人权",而人权的内涵首先就包括了生命权在内。1986年《民法通则》在第5章"民事权利"的"人身

①　王利明:《人格权法》(第二版),中国人民大学出版社第2016年版,第147页。

权"一节中开宗明义地规定："公民享有生命健康权。"（《民法通则》第 98 条）《民法典》第 783 条规定"自然人享有生命权，有权维护自己的生命安全。任何组织或者个人不得侵害他人的生命权。"生命权的保护主要通过刑法来进行，但民法、行政法、国家赔偿法等法律也通过其特有的方式保护此种权利。《侵权责任法》第 2 条第 2 款首先列举了生命权，体现了对于人的生命健康的优先保护。生命权具有不可克减性①。侵害生命权的行为包括基于故意或过失致他人死亡的行为。侵害生命权的行为往往同时既构成侵权，又构成犯罪。与刑法上侵害生命权的行为包括作为和不作为两种情况一样，民法上不作为也可以构成侵害生命权，② 行为人负有作为义务是前提，父母是儿童的监护人，对儿童的生命利益负有作为义务。生命权的损害后果是唯一的，即死亡。

（一）情绪失控杀死幼儿，平静地骗过所有人

2017 年 2 月 17 日，6 岁的扬州男孩高俊逸失踪，其母"李红"接连在手机上发布寻子的消息，希望得到好心人的帮助。就在人们持续关注此事的同时，扬州市邗江公安分局的一份调查结果让所有人吃惊：高俊逸并非失踪，而是被杀，凶手正是母亲"李红"。更让人们难以置信的是母亲是因为情绪失控"杀死"了儿子，事后却可以平静地一边将尸体藏在家中，一边四处发布求救信息。

中国人一直认为家长管教孩子是正常的，体罚是因为"爱之深，

---

①　可克减性，是指权利可以在一定情况下受到一定的限制，甚至在特定情况下可以暂时停止权利人行使权利，或者在其与其他权利发生冲突时，优先保护其他权利。

②　王泽鉴：《民法学说与判例研究》（第 4 册），北京大学出版社 2009 年版，第 312—316 页。

恨之切"，并不是家长"虐待"子女。其实，并非虐待不存在，而是人们对虐待缺乏正确的观念。

（二）沉溺毒品，饿死两幼儿

2013年4月，乐燕将两个女儿关在卧室里面，为了防止小孩出现意外，她将房门和窗户封死并只留下孩子生活必需的水和食物，然后一个人离家出走。6月21日，社区民警走访乐燕的时候，发现两个孩子已经死亡。经鉴定，两个孩子并没有身体伤害和食物中毒的迹象，因此初步断定可能是食物缺乏或者疾病导致的死亡。

侵害人乐燕吸毒，其男友入狱，两个幼儿被活活饿死，这样的"家庭"，居民委员会本应早期干预。但是，除了给予经济上的救济外，居委会等组织和邻居没能对孩子的生命健康给予更多的关注和"带离"，使得两个小生命在本应"被撤销监护人资格"的母亲手中离开了人间。该案件再一次警醒"社会保护"的落实。

（三）单身无业母亲烫死女童

青海省西宁市女童小苏丽因受母亲燕志云常年虐待，并被热油烫伤喉咙，于1993年3月10日凌晨在家中死亡。小苏丽曾因抓吃鸡食，被其母用针和膨体纱线将嘴缝住，并罚跪搓板长达1小时之久。在短短五年的人生里，小苏丽经历了多起类似事件。最终因长期折磨导致身体衰败不治，永远离开了人间。

小苏丽的遭遇在她死亡前的两年，邻居就知道，其母单身无收入。他们帮小苏丽的方式只是偷着喂点饭，派出所居委会虽也曾多次上门调解，但是没人提出把她带离这位人人都感到精神不正常的母亲身边。这是因为我国传统家庭"家本位"思想和传统伦理道德与现代社会发展产生不适应乃至脱节。女童遭受了长期虐待却无人举报至公安部门，直到过路人发现才最终事发。此类社会心理学层面的"集体失智"事件绝非个例，当传统习俗乃至恶俗成为现代文明发展的桎梏时，公权力干预应成必然。最终，这位母亲被判处 7 年有期徒刑，在亲生女儿被虐待致死后，她居然对警察说："我生出来的娃儿，我自己爱咋打就咋打，关你们什么事？"燕志云小学没有毕业，法律意识极为淡薄，这正是导致这场悲剧的直接原因。

二　监护人侵害儿童的健康权益

健康权是公民以其身体的生理机能的完整性和保持持续、稳定、良好的心理状态为内容的权利。①《民法通则》第 98 条规定："公民享有生命健康权。"作为一项独立的人格权，健康权是儿童对自己的生理和心理所享有的健康利益，维持、保有并排斥他人侵害的权利。健康不仅包括身体健康，还包括健康的心理，儿童的健康从身心安全开始。监护人侵害儿童的健康权益分为显性侵害和隐形侵害。监护人对儿童健康权益的显性侵害主要表现为虐待性身体侵害，直接导致儿童身体损害，儿童身体因受暴力而留下临床可检验的伤害，从外部身体与内部脏器的损害指标来看，有瘀伤、烧烫伤、割伤、擦伤、刺伤、骨折以及脏器伤等，一般人可以通过外部观察予以发现。监护人对儿童健康权益的隐性侵害主要表现为"忽视"，由于监护人疏于关照导致儿童死受伤、健康受损、生理功能受损或衰减。

（一）继母长期家暴未成年人

被害人张某从 2005 年开始与继母王玉贵一起生活。期间继母通过各种方式对张某进行家庭暴力，比如，用筷子捅伤咽部，用吹风机烫伤头皮和耳朵，用铅笔扎伤身体，甚至撕

---

① 王利明：《人格权法新论》，吉林人民出版社 1994 年版，第 288 页。

裂张某的嘴唇，这一系列残忍的行为让人不忍直视。

家庭暴力一直是分析家庭侵权的重要角度。因为发生在家庭之中，加之中国自古的"清官难断家务事"的传统观念，使得家暴问题的解决成为一个顽疾，其复杂性、长期性、反复性更增加了家暴问题解决的难度。分析大部分家暴问题，可以发现其行为已经构成刑法上的故意伤害罪，符合故意伤害罪的构成要件。被曝光家暴的继母即将接受法律的制裁，但更多的没有被曝光的伤害还在继续，如果提高儿童维护自身生命健康权益的意识，能够向学校老师、亲戚、居委会寻求帮助，在成人的帮助下依靠法律保护自己，是亟需解决的问题。

（二）亲生父亲用开水将女儿致残

林水全因为其女林某某调皮不听话，怀疑其不是自己的亲生孩子。出于报复心理，将其用开水浇烫，造成其重伤，手法之残忍，令人气愤。最终法院判处林水全 15 年有期徒刑。

未成年人作为非完全民事行为能力人，自我保护意识不足，父母作为他们的第一监护人，是保护他们不受到侵害的最安全的屏障。在家暴案件中，父母却成为伤害未成年人的主要凶手，不但损害了子女对于父母的信任，还给未成年人的成长道路上洒下了挥之不去的阴影。童年本是一个人最美好、最快乐、最值得回忆的岁月，而令人切齿的家暴行为却让这段"难忘"的岁月阴云密布。

（三）父母的忽视使儿童放弃生命

过了腊月二十三（小年），就是我国传统意义上的"年"了，到处张灯结彩。而留守儿童"小龙"得知单身母亲又不回家过年后，在厕所里用一根绳子结束了自己仅仅 9 岁的生命。父母离异后，一家人再没有团聚，"小龙"长期感受不到家的温暖，使得他比同龄人更加想念父母的关爱，然而得知今年父母再一次不会回来和自己过年的时候，他内心最后一点希望也破灭了，从父母离异的那一刻起，他就注定这一生是个孤独的孩子。一个年仅9岁的孩子，正是花样年华，本应享受无忧无虑的时光，却整天生活在众人忽视的环境中，被人抛弃的噩梦逐渐成为现实，他已经没有足够的勇气来面对这残酷的事实。"你真可怜"，姥姥的一句无心之言使他最终走向了生命边缘。

周围环境不能给予儿童良好的心理健康成长氛围，并造成一定的伤害，比如嘲弄、讥讽、欺凌、忽视、边缘化等从心理上给予儿童行为，被称为"虐待性情感侵害"。"忽视"是特殊的"情感虐待性侵害"。"忽视"指的是监护人在履行父母照顾、教育儿童的过程中，因为自身能力原因无法给予儿童成长应有的帮助的一种失职行为。儿童照顾者没有提供孩童最基本的维持生存必须或正常身心发展所需的照顾程度。比如，照顾者因疏忽没有提供必须的食物、衣服、居住环境、医疗，或者将儿童放置在危险环境里，对儿童的身心健康或福祉有害，而未能适度避免该危险。在"小龙"这个没有显性侵害人的监护侵害案件中，父母的忽视如同暴力一样可怕，使政府、专家和所有人不得不再次面对留守儿童的现实问题，去回答一个简单得不能再简单的问题："怎样才能让孩子和父母在一起"。更为严峻地是，我国留守儿童总数近6000万，其中有7.3%没有被托付给临时监护人（包括祖辈或其他亲戚），这些儿童缺少临时监护人的照顾，又会面临怎样的生存危机？

三　监护人性侵害儿童

身体权是自然人维护其身体组织器官的完整性并支配其肢体、器官和其他组织的权利。① 身体权作为一种物质性人格权，和生命健康权一样，是自然人重要的法益，也是成就法律人格的基础。② 我国《民法通则》确认了公民享有生命健康权，但并没有明确规定身体权。《侵权责任法》第 2 条第 2 款在列举民事权利时，并没有提及身体权。许多学者认为，我国民法仅规定了生命权和健康权。王利民、杨立新教授主张身体权不能被健康权所涵盖，它应当作为一项独立的权利在民法上予以确认。也只有这样，才能充分保护公民的人身安全和人身自由。③ 事实上，我国法律并未完全否认公民享有身体权，我国《宪法》第 37 条第 3 款末段规定，"禁止非法搜查公民的身体"。《精神损害赔偿司法解释》第 1 条明确规定了"身体权"遭受侵害，受害人有权请求精神损害赔偿。"性侵害"是特殊的"身体虐待性侵害"。对儿童进行的性行为，是一种违反公序良俗的强暴行为。无论是性胁迫、强暴、猥亵、性行为展示以及让儿童从事色情交易都是犯罪行为。

（一）禽兽母亲协助情人性侵亲生幼女

张某和单亲母亲何某同居。张某在何某女儿杨某不具备自我保护能力的前提下，让何某将其女儿杨某交给自己做思想工作。在此期间，与杨某发生性关系，何某明知这样是对女儿的侵害，但是仍然放任张某的行为。最终，法院以强奸罪分别给予张某和何某有期徒刑 10 年 6 个月和 10 年的惩罚。

身为母亲，何某泯灭良知和人伦，缺少基本法律常识，以无知的方式默许他人性侵害自己女儿，没有切实履行监护人应尽的职责，这种恶行也为社会所不齿，影响及其恶劣。为了给被监护人创造一个健

---

① 杨立新：《人身权法论》，人民法院出版社 2014 年版，第 398 页。
② 梁慧星：《民法总论》，法律出版社 2005 年版，第 106 页。
③ 王利明：《人格权法》，中国人民大学出版社 2016 年版，第 166 页。

康的生活环境，法院依照相关法律规定，免去何某的监护人资格，并处以重刑是合法和合情的。

（二）亲生父亲性侵害智障女儿

卢女未满 14 周岁，并患有精神疾病，其父卢某某利用其年幼无知对其进行多次性侵害并致其怀孕，这一事件令人震惊，法院以强奸幼女罪处以卢某某 5 年 6 个月有期徒刑的惩罚。

亲生父亲性侵害智障女儿让人无法接受，基本的人伦都不存在了，人性泯灭到无以复加的程度。智障女孩的母亲也患有严重的精神疾病，生活不能自理，无法保护女儿不受伤害。其姐姐亦系未成年人，无监护能力。其他亲属的经济条件及身体状况也不适合承担卢女的监护责任。监护是一项不以血缘关系为基础的公共职能，任何有民事行为能力的国家机关都有责任承担起保护未成年人不受伤害。在卢某某的监护人资格被撤销后，民政局便成为卢女的监护人，国家监护为这个女童提供了依托。

四　监护侵害行为产生的根源分析

监护侵害是近年来随着数起令人发指的恶性案件的曝光而进入公众视野的。从孩子被"精神留守"（即父母对未成年子女长期忽略、冷落）到女孩被亲生父亲长年性侵害，监护侵害行为不但侵犯了儿童生命权益、健康权益、性权益，亦对身体造成严重伤害，而且给儿童造成了终身难以愈合的心灵创伤。自卑、犹豫、怀疑乃至狂躁、易怒、仇视社会将伴其一生。由于监护人侵害儿童犯罪具有主体的特定性和行为的隐密性，尚未引起人们更多的关注。加之"棍棒出孝子"的传统理念普遍存在，人们普遍缺乏儿童权利保护意识，甚至认为打骂是管护孩子的必要方式。当最高人民法院公布 10 大监护侵害案件之后，被"管护"遮蔽下的"侵害"才引起人们的警觉。

（一）侵害行为主体关系密切

男孩、女孩无所谓"穷养"与"富养"，但需要"善养"。世界卫生组织给"健康"下的定义是"健康是指一个人在身体、精神和社会等方面都处于良好的状态。"儿童生命健康权益保障的基础是感到安全。监护侵害行为的主体包括两方面：实施主体和遭受主体。其中，实施主体主要是父母或者其他监护人。遭受主体是儿童，作为弱势群体，他们普遍缺乏足够的自我保护意识，面对监护人的暴力行为，更没有明确的意识去维护自己的权益。家庭是人们最信任的心灵的港湾，更是儿童天然的屏障。相对于外部的暴力行为，家庭内部的暴力行为对未成年人的伤害更具严重性，尤其很多对孩子的打骂行为在人们的认知中根本不算是家暴，只被认为是一种教育方式。监护人完全忽视未成年人的心理健康，对儿童任意实施暴力侵害，随意辱骂儿童，这些监护侵害常常被简单化为"管教孩子"，而相关部门长期以来也遵循着"民不告，官不究"的准则不介入，只有致残、致死后公安机关才介入。由于儿童缺乏法律意识和能力提起诉讼，并且子女诉讼父母还可能遭受社会关系的谴责，这就为儿童运用法律武器保护自身权益设置了障碍。

（二）侵害行为高度隐蔽

相关调查结果显示：监护侵害行为的加害人主要是父母，父母单方施暴的更为常见占 76.47%；祖父母、外祖父母等其他家庭成员施暴的案件占 12.05%，这些案件中的未成年人多是父母双方外出务工由亲属抚养的留守儿童。而 10 周岁以下的未成年人更容易遭受监护人的侵害，占 8 成。[①]"家丑不可外扬"，儿童家庭暴力作为家庭内部

---

① 佟丽华：《监护侵害处理意见：激活"沉睡的制度"》，《中国青年社会科学》，2015 年第 5 期。

事务，外人一般不愿意介入其中，不为人知晓也是在所难免，因此通过法律干预儿童家庭暴力很难实现。监护权是法律赋予为人父母的一项特殊权利，将国家保护公民的责任委托给父母，作为已经具有民事行为能力的父母有责任履行好自己的义务。父母依照社会风俗和法律法规对子女进行教育，对其生活态度、行为方式进行指导，以便使得他们的行为符合社会要求是毋庸置疑的，但是，这种管教行为必须在一定的范围内，如果在管教子女过程中行为失当，并给子女造成一定的身体和心理上的伤害，那么管教就会变为家庭暴力。管教是监护中不可避免的行为，进而监护人的惩戒有具有了合法性，受到"养不教父之过"理念的支持。因为侵害行为发生在家庭中，发生在最亲近的人之间，所以被"教管"所掩饰。非婚生子女以及单亲、继亲家庭等家庭背景发生变化的未成年人更易成为家庭暴力的受害者，这些因家庭关系不和谐、生活压力大、家庭功能不健全等而拿孩子发泄或报复引发的家庭暴力的案件比例最高，其他原因还有生活困难、生活压力大或未婚先育没有条件抚养，孩子身体智力有缺陷、残疾，重男轻女，父母有恶习、品行不良和精神心理异常等。① 而 10 周岁以下的儿童缺乏对侵害的认知和表达的能力，不能及时地获得外界的救助，他们常常因为弱小而成为监护人侵害的对象。

（三）侵害行为类型复杂定罪标准不明确

监护侵害行为类型复杂，大致分为虐待性身体侵害、虐待性情感侵害、忽视和非器质性生长发育障碍。现有刑罚难以与之一一对应，且侵害程度难以评估，导致量刑定罪不够明确。根据刑法相关规定，丢弃子女不履行管教义务、侵害子女不履行照顾义务的行为进入诉讼程序都要求要造成必要的伤害。然而伤害的界定标准的缺失令处罚失

---

① 佟丽华：《监护侵害处理意见：激活"沉睡的制度"》，《中国青年社会科学》，2015 年第 5 期。

据，或者重判，或者轻罚，难以达到法律最初的意愿。监护侵害行为类型复杂定罪标准不明确造成的法律干预度低，诉讼程序难以启动，进一步助长了监护侵害行为的发生。

（四）替代性监护措施不完善

《民法总则》（2017）、《未成年人保护法》（1991）、修订后的《未成年人保护法》（2006）都规定了撤销监护人资格制度，但由于缺乏具体细则几乎无法被执行。2015 年 1 月实施的由最高人民法院、最高人民检察院、公安部、民政部《关于依法处理监护人侵害未成年人权益行为若干问题的意见》，比较全面地确立了处理监护人侵害未成年人权益行为的八项制度。为保护困境儿童人格权益，加强困境儿童的行政保护和司法保护，确保困境儿童得到妥善监护照料，就处理监护人侵害未成年人权益的监护侵害行为做出了规定，通过 10 个具体条款明确规范了撤销监护人资格制度。尽管它在撤销监护人资格案件的受理、审理等方面做出了比较明确的规定，但公安机关的全面调查、应急处置，民政部门的临时安置、教育辅导、调查评估、集体会商、提起撤销监护人资格诉讼，检察机关的法律监督以及对虐待案件提起诉讼等制度，在工作中如何具体落实，还需要出台更具体的操作性文件。以"紧急安全安置制度"落实为例，南京两女童被饿死的案件，最大问题就是未成年人没有被带离危险场地，或者继续遭受暴力，或者继续忍受饥饿。处理类似未成年人受到家庭伤害案件时首先要考虑到未成年人的安全。如果未成年人存在人身危险，就要及时将未成年人带离，先暂时安置到安全场所。即将"公安机关在出警过程中，发现未成年人身体受到严重伤害、面临严重人身安全威胁或者处于无人照料等危险状态的，应当将其带离实施监护侵害行为的监护人，就近护送至其他监护人、亲属、村（居）民委员会或者未成年人救助保护机构，并办理书面交接手续。未成年人有表达能力的，应当就护送地点征求未成年人意见"落到实处。

五 监护资格撤销制度保护儿童利益最大化

《民法总则》首次在法律的层面对监护撤销制度进行了全面的规定，将《民法通则》中过于原则性的规定具体化，使之更具操作性。监护制度是为了保护被监护人的利益。但事实上，监护人侵害被监护人的案件层出不穷。因此，完整的监护制度必须配以合理的监护权撤销的规定。当发生监护不能、失能，或监护不作为并严重损害未成年被监护人的合法权益的情形时，应撤销监护人的监护资格，最大程度地保护被监护人的利益。2014 年，最高人民法院、最高人民检察院、公安部和民政部 4 部门联合颁布《关于依法处理监护人侵害未成年人权益行为若干问题的意见》，对于监护的撤销作了具体的规定，但因其立法位阶较低，影响力较弱。2017 年 10 月，《民法总则》在法律的层面，对撤销监护制度作了具体的规定，是巨大的进步。

（一）申请多主体化

根据《民法总则》第 36 条第 2 款的规定，得申请撤销的主体包括自然人和组织。"自然人"为其他具有监护资格的人，"组织"列举了"居民委员会、村民委员会、学校、医疗机构、妇女联合会、残疾人联合会、未成年人保护组织、依法设立的老年人组织、民政部门等"，这些组织是并列关系，没有先后之分。这意味着任何一方在发现监护人存在撤销监护资格的法定条件之后，均有权向法院提起诉讼。而立法中之所以赋予如此多的主体享有诉讼资格，是因为现实生活中，被监护人受到侵害的情形多种多样，其可能迫于监护人的压力等原因，不能或不敢告知他人。此时，赋予多方主体以诉讼资格，一方面能让被监护人根据自身情况的不同，尽可能方便地向身边的人或组织寻求帮助，另一方面当其他组织发现被监护人受侵害的情形，也可以主动地提起撤销之诉。而能够发现被监护人受到侵害的组织，最常见的即其生活所在地如居委会、村委会、学校；救助保护机构如医疗机构、妇联、残联等。

（二） 申请撤销法定事由

《民法总则》第 36 条第 1 款第 1 项规定了积极的侵害行为类型，即实施严重侵害被监护人身心健康的行为。相对于消极的不作为而言，监护人积极的侵害行为，其主观恶性更大，对被监护人的危害也更大。根据四部委《关于依法处理监护人侵害未成年人权益行为若干问题的意见》第 35 条列举中撤销监护资格的多种情形，其中性侵害、出卖、遗弃、虐待、暴力伤害未成年人；胁迫、诱骗、利用未成年人乞讨；教唆、利用未成年人实施违法犯罪行为等行为是实务中经常出现的表现形式。《民法总则》第 36 条第 1 款第 2 项规定了消极的不作为类型：怠于履行监护职责，或者无法履行监护职责并且拒绝将监护职责部分或全部委托他人，导致被监护人处于危困状态。"怠于监护" 即客观上监护人可以履行，但其基于主观上的故意或过失选择不履行监护职责。在司法实践中，此类行为通常表现为：监护人遗弃被监护人，拒绝为被监护人提供必要的生活、教育或者医疗条件或将被监护人置于无人照管状态。现代监护理念指引下的监护制度应兼顾被监护人的利益保护及其意思自治，未来立法应致力于实现监护与行为能力的有限 "脱钩"：一是建立并完善独立的监护程序，使监护启动条件与行为能力的判断标准相分离；二是建立包含自治型、协助型、替代型决策模式的多元监护体系，限缩法定代理权的适用范围，完善行为能力的类型划分。[①]

（三） 完善未成年人监护监督

人的特殊生理发展表现为生命的成长过程的脆弱性，未成年人正处于身体、生活交往能力发展的关键时期，他们的衣食住行无不需要

---

① 彭诚信，李贝：《现代监护理念下监护与行为能力关系的重构》，《法学研究》2019 年第 4 期。

外界供给或帮助，其德、智、体的发展及良好习惯的养成无不依赖于他人的培养或教育。为教育、保护未成年人并维护其人身自由和人格尊严，《法国民法典》《德国民法典》和《日本民法典》都确立了亲权与监护制度。我国《民法典》在立法体例和规范结构上承袭了《民法通则》的监护制度，没有规定亲权，而是在"总则"的"自然人"一节中以"监护"来规定父母对子女的义务。第 26 条第 1 款规定"父母对未成年子女负有抚养、教育和保护的义务"；第 27 条第 1 款规定"父母是未成年子女的监护人"。第 36 条明确了人民法院根据有关个人或组织的申请，撤销监护人监护资格的 3 类情形，以此来实现"监护监督"。这样的规定事后性过强而防御性差，即"除了以监护人资格撤销与监护人侵权责任制度抑制监护人侵害被监护人权益外，如何保证监护人在监护职责履行过程中积极、适当地教育、保护未成年人"① 没有得到关注。"监护是一种持续不断且期限可能较长的属人责任"，教育和保护未成年人需要爱心、耐心、责任心和奉献精神，对于非父母的其他监护人更是如此。"如果将监护职责的履行完全放任于监护人的自由选择，而他人只能在监护人不履行监护职责或侵害被监护人权益的事件发生后介入到监护之中，未成年人的幼小心灵常常会遭受难以补救的伤害。反过来看，如果在监护人怠于履行或不适当履行监护职责的行为初发之时，即能及时予以制止或纠正，可能会完全杜绝或至少会消减对未成年人造成严重伤害的监护行为。"② 教育界在呼吁的"家庭教育立法"，其中要义正是帮助父母、监护人学习如何在日常的监护中教育和保护儿童，促进儿童的发展。所以，监护监督是过程性监督而不是对侵害后果的评估，当前，监护

① 朱广新：《监护监督制度的立法构建》，《苏州大学学报》（法学版）2020 年第 1 期。

② 朱广新：《监护监督制度的立法构建》，《苏州大学学报》（法学版）2020 年第 1 期。

监督的定位出现了偏差。

第二节 困境儿童名誉权益遭受侵害

《民法典》第 804 条规定："民事主体享有名誉权。任何组织或者个人不得以侮辱、诽谤等方式侵害他人的名誉权。本法所称名誉是他人对民事主体的品德、声望、才能、信誉、信用等的社会评价"；第 805 条规定"行为人为维护公序良俗实施新闻报道、舆论监督等行为，影响他人名誉的，不承担民事责任。但是行为人捏造事实、歪曲事实、对他人提供的事实未尽到合理审查义务或者包含过度贬损他人名誉内容的除外。"

一　媒体报道中的名誉侵害

2014 年 1 月，一篇标题为《一个村庄的集体"沦陷"》的报道被各大资讯网站转载，遭遇性侵害的小女孩的家庭状况被描写得非常详细，而且她家房子的图片也赫然展现在网上。紧接着《京华时报》针对这一事件进行了追踪报道，将涉及儿童的犯罪事实、数字等进行了"着重"强调，让读者对中国村庄的"沦陷"深深叹息。追踪报道特别醒目地强调标题"广西一留守女童遭 16 人强奸，两年遭性侵至少 50 次"，并公布了女孩的出生日期和家庭所在县。当女童的私人信息具体到这种程度，令女童的遭遇在当地"无人不知"。"挖掘细节、剖析心理、附图证实、数据分析……当这些手法娴熟的新闻报道技巧应用于涉案儿童，不免让人觉得触目惊心。"① 这样的报道是

---

① 王丹：《勿以报道之名侵害儿童权益》【EB \ OL】http：// cul. qq. com/a/ 20140530/007997. htm20170316

否还遵循着新闻报道伦理，是否对儿童的隐私权和名誉权保护还有些许的敬畏？打着维护正义和抵制性侵的幌子，实质却是为了追求点击率，视女童的名誉于不顾。

《民法典》第 806 条规定："行为人对转载的或者他人提供的事实是否尽到合理审查义务，可以根据以下因素确定：（一）信息来源的可信度；（二）对明显可能引发争议的内容是否进行必要的调查；（三）事实的时效性和与公序良俗的关联性；（四）受害人名誉贬损的可能程度；（五）审查能力和审查成本。行为人应当就自己已尽到合理审查义务承担举证责任，但是 法律另有规定的除外"；第 807 条第 2 款规定"民事主体发表的作品描述真人真事，或者以特定人为描述对象，包含侮辱性内容，侵害他人名誉权的，被侵权人可以依法请求侵权人承担民事责任。"这是一起典型的对遭遇性侵害的小女孩的隐私和名誉的侵害事件，是对其人格权权益的"二次伤害"。然而，小女孩及其监护人并没有对该报道进行名誉侵权追究，在媒体面前，困境儿童的"困境"进一步突显。但是，国家作为困境儿童国家监护的主体，应当行使其反报道请求权，维护困境儿童的名誉权益。联合国儿童基金会为遏止儿童报道中的侵权行为，更新了《涉及儿童的新闻报道伦理原则》（2010 年 8 月）。它关注因"困境"而进入媒体视野的儿童，即那些可能因为在媒体报道中被公开身份而面临身体伤害、精神痛苦或社会歧视的儿童，特别是遭遇性虐待的儿童。它也明确了采访儿童和涉及儿童的新闻报道的指导原则，"不能让任何儿童蒙受进一步的耻辱。杜绝勾起不幸事件给儿童带来痛苦和悲伤的'二次伤害'"，"在采访中避免使用评判性或者无视文化价值差异的问题、态度或者评论"、"防止儿童处于危险之中或遭遇羞辱"；不能为了引起公众关注，而命令"儿童说或做其没有遭遇的事情"；"确保音视频在展示儿童的家庭、社区或者大致所处地域之后，不会置该名儿童于危险处境或者受到负面影响，不会遭到当地居民的歧视和排斥"。在所有国家和地区中，几乎所有对儿童性侵犯的案件都是隐秘处置的，而《一个村庄的集体"沦陷"》则触碰了这一底线，反映出我国困境儿童名誉权益保护任重道远。依据《民法典》第999条，"为公共利益实施新闻报道、舆论监督等行为的，可以合理使用民事主体的姓名、名称、肖像、个人信息等；使用不合理侵害民事主体人格权的，应当依法承担民事责任"，此报道行为当然属于后者，需要承担民事责任。

二 校园欺凌中的名誉侵害

2016年11月26日，中央电视台《新闻调查》对"青海省互助县威远初级中学八年级学生陶成鹏不堪同学欺负和敲诈下两次自杀，留下三封血书后喝下整瓶剧毒农药，在儿童节早晨结束了年仅15岁的生命"这一事件进行了调查，再现了看似"日常琐事"的欺凌是如何吞噬少年生命的过程。在"致命的欺凌"背后，是家长参与学校生活的无力、班主任的漠然、学生对欺凌行为的熟视无睹和可怕的利息压迫。

谁来保护处在被欺凌阴影中的"困境儿童"？分析被欺凌者的共同点是必需的。教育应走向何方？教师是否会成为欺凌的协助者或者是旁观者？这些问题值得思考。

15岁的少年，因为不堪忍受因不小心碰掉同学袜子而需赔偿的5元钱的"利滚利"的债务和被同学无休止的打骂，在留下三封血书后，选择了自杀。在三封血书中，在无力的背后还有一颗感恩的心，他请求弟弟替自己照顾父母，请求父亲替自己偿还欠三名同学的钱。这是一个多么老实的孩子，只因为他是班主任眼中穿着比农民工还破的、像被"牛绞过"一样的衣服的"学习成绩差，逃学"的坏孩子；只是因为他的父母都是农民，地位低微，在老师和同学们面前都不能为孩子"撑腰"；只是因为他是最弱小的，他就必须每一天一个人拎着五六个暖壶，一个人倒所有人的洗脚水，被所有的人胁迫威胁借钱，在他住校一周仅有四元零花钱的情况下，怎么也还不起"踩一下袜子"欠下的债。其实就是没有"袜子事件"，也会有别的事件，同学们欺负他何须理由？

困境儿童更容易成为校园欺凌的受害者。名誉感被摧毁是被欺凌者的共同点，对于家庭支持力不足的儿童更是如此。学校教师特别是班主任均对受欺凌者歧视或漠不关心，更加助长了其他学生欺负该生的气焰。从个人的角度看，学习成绩差，最初有些调皮，但后来被"制服"或者弱小，但学习成绩差是共性。从另一个方面理解就是因为成绩差所以就失去了被老师"保护"的资格。被欺凌者都有过被老师批评甚至训斥的经历，都是老师不喜欢或者不在意的学生，甚至是有些厌恶的学生。在陶成鹏的案例中，孩子是把自己的遭遇告诉了父母的，但由于家庭贫困，父母本身在社会中就处于弱势，得不到学校教师和其他同学家长的重视和尊重。陶成鹏的父母到校向班主任老师反映过孩子受欺负的事，但得到的是班主任对孩子的负面评价而不是帮助。当孩子对母亲说，同学们欺负他一个为六个人打水的时候，弱势的母亲竟认为"没什么"，不就是打个水嘛，孩子得不到家长的保护。在陶成鹏的课本中夹着向班主任求助的"求救信"，但在思量后至死也没有交给班主任，原因不难理解。最终，这位 15 岁的少年没有办法改变自己所处的欺凌环境，只能选择永久性的解脱——死亡。严重的欺凌事件多发于生源复杂的非优质学校的八、九年级，特点是"多对一"的包围性侮辱和欺负。《民法典》第七百九十一条规定："自然人的人身自由不受侵犯。任何组织或者个人以非法拘禁等方式剥夺、限制他人的行动自由，或者非法搜查他人身体的，受害人可以依法请求行为人承担民事责任。"被欺凌儿童的身体和自由都被限制，遭受长时间、反复持续欺凌，而且对其实施的欺凌者越来越多。许多以前的旁观者也渐渐发展成为"协助者"和"欺凌者"。

"校园欺凌"是指同学间欺负弱小、言语羞辱及敲诈勒索甚至殴打的行为等。这一年龄段的儿童处在 15—17 岁，正值青年初期，在家长眼里他们已经长大，学校适应力已经较强。学校教师也认为他们是"大孩子"，自己可以解决自己的问题，不应该事事都请老师帮助，他们自己也把在校受欺负当做自己无能的"羞耻的事"，对家长难以启齿。如果家长又恰巧是忽视型家长，父母疏于监护或者无力监护，父母离异对孩子莫不关心，或工作忙无暇顾及或无力顾及，则他们更是得不到父母的帮助。

三 困境儿童名誉权益遭遇侵害的根源分析

困境儿童名誉权益遭遇侵害的根源在于假想儿童是没有名誉感的存在。社会新闻中涉及到儿童的报道数量非常多，有一些是特殊身份的儿童报道，如艾滋病儿童，流浪儿童、留守儿童等，有一些是能引发大家讨论的具有新闻价值的社会新闻报道。但从表现手段上看，确是严重侵犯困境儿童名誉权益的。

2006 年，中国首例艾滋孤儿名誉侵权案在北京朝阳区人民法院宣判，原告艾滋孤女小莉（化名）胜诉。之前，涉案媒体未经许可把小莉的大幅照片、真实姓名及其艾滋孤儿的身份在报道中披露，对当事人的心理造成很大伤害。如今越来越流行的"随手拍"也可能带来一些侵权行为，如乞讨儿童等，即便在网上呈现的是客观事实，也有可能侵犯儿童的名誉权。困境儿童常以同情的名义被"污名化"，如报道中经常以歧视儿童家庭的方式侵犯儿童的名誉权。《儿童权利公约》第 2 条强调儿童不受基于其父母、法定监护人或家庭成员的身份、活动、所表达的观点或信仰而加诸的一切形式的歧视或惩罚。这一条款宣示的是缔约国政府不仅要保护儿童免受直接歧视，而且也要保护儿童免受基于其父母、法定监护人或家庭成员的身份歧视。困境儿童常常因为其父母的行为违背公序良俗而遭遇名誉困扰，即儿童很容易因为父母的原因而成为歧视的对象，陷入困境。

"反报道请求权"属于人格权益制度中的"作为请求权"，是一种较为典型的"妨害除去请求权"，为《瑞士民法典》第 28. g 条所规定。该条第 1 款规定：所有周期性的出版媒介，包括报刊、广播、电视的事实报道，在人格方面直接被涉及者，有权请求反报道。此项请求权之构成要件，以报道涉及人格为唯一前提，报道者主观上是否存在过错，报道是否失实违法，被报道者是否遭受了损害并非所问，是独立于侵权之债的一项请求权。① 我国关于名誉权的研究，存在着"名誉感"是否属于名誉权的争论，对困境儿童名誉权益保护来说，"名誉感"的维护是有积极意义的。关于儿童的相关报道有责任关注困境儿童的"名誉感"，即不必有可以被第三方认定的名誉损失，即可请求停止报道，终止可能预见的侵害。在校园暴力事件低龄化、网络化的背景下，当儿童遭遇暴力侵害同时又被上传至网络媒体的时候，儿童的社会保护就需要有所作为，第一时间卸载视频阻断侮辱性信息继续传播。

第三节　困境儿童隐私权益遭受侵害

联合国《儿童权利公约》第 16 条规定"儿童的家庭隐私、住宅或通信不受任意或非法干涉"。我国《民法典》新增"个人信息法律保护"的规定，第 813 条规定"自然人的个人信息受法律保护。本法所称个人信息是以电子或者其他方式记录的能够单独或者与其他信息结合识别自然人个人身份的各种信息，包括自然人的姓名、出生日期、

---

① 贾淼：《人格权益法研究（总论）》，中国政法大学出版社 2014 年版，第 225 页。

身份证件号码、个人生物识别信息、住址、电话号码等"；第 814 条规定："收集、使用自然人个人信息的，应当遵循合法、正当、必要原则，并应当符合以下条件：（一）征得被收集者同意；（二）公开收集、使用信息的规则；（三）明示收集、使用信息的目的、方式和范围；（四）不违反法律、行政法规的规定和当事人之间的约定。"

一　儿童家庭信息被泄露

儿童的家庭信息，是指以血缘关系、家族关系为基础形成的隐私信息，具体包括家庭成员的基本状况、儿童是否过继、是否为私生子、儿童父母的婚姻状况、家庭背景、身份关系等信息；也包括父母的职业、学历以及家庭经济状况。

（一）学校调查单亲家庭状况

儿童作为家庭的重要成员，其父母或近亲属的不良行为记录也被他们认为是自己的"不光彩"，他们总是极力隐瞒这些事情，以防止自己被歧视。儿童拥有"免于他人知晓的权利"，即隐瞒隐私权，但是，多数情况都会被"局内人"揭露。在成人看来，离婚不是见不得人的事情，而来自单亲家庭的孩子，却常因此而遭遇同龄人的欺凌。教师由于缺乏对儿童世界的真正了解，也缺乏尊重儿童隐私的意识，会在家长会和学校调查中了解学生的家庭结构，单亲、再婚家庭子女感处境不如别人。其家庭结构的完整与否及家庭成员的社会评价优劣常常会影响到一个儿童的健康成长。在中国，离婚对子女所造成的伤害几乎是每起离婚事件中双方必然会考虑的"行为成本"，而子女往往是最无辜的"被害人"。同时，其近亲属犯罪往往会给少年带来某种负面社会评价和心理负担，不利于其成长。因此，应当免除儿童向作为其成长时期关键环境提供者诸如学校、社区等报告此类信息的义务，或者说应当禁止学校或社区对少年此类信息的登记或传播，并避免学校或社区因少年不同的家庭背景对其进行有选择性的环境提供。进而，国家法律应当基于对少年健康成长的特别保护以及"儿童利益最大化原则"的价值诉求，将少年的此类不利身份信息列入少年特别隐私权的保护范畴，禁止其公开传播。

（二）把家庭的贫困公之于众

媒体通常会这样描述一个正在被帮助的孩子：破败的房子，一贫如洗的家，孱弱的父母，很多的弟妹，最后是一个自强的孩子。然而，记者应该要知道，"贫穷"正是孩子不愿为人所知的隐私，即便这一隐私的泄露能够带给他一定的帮助。所以，即使是出于帮助的报道，也应该回避把孩子的贫穷描述得更为不堪。被广为质疑的某网站发布的题为《警民共建资助困难儿童求学路》的报道，其中一张新闻照片就是受助人及残疾家人坐在轮椅上和民警的情景，所有人的表情都很沉默，并未对儿童患病家庭隐私实施技术性处理。这类新闻照片俯拾即是，无论是电视、报纸还是网络媒体举办的慈善公益活动中，常常会邀请贫困儿童、孤儿、残疾儿童在现场描述困境、绝望心境，以及对捐助者表示感谢。在这些报道中，一些细节和"催泪"点会反复提及，受助者的家庭环境、生活的窘困等毫不保留的展示在大众面前，很容易侵犯到儿童的隐私权，损害儿童的尊严，可能会给儿童的未来成长造成阴影和伤害。媒体报道的底线应是不伤害处境不利儿童的自尊。对于那些被迫成为童工的孩子，即便是记者身处险境的偷拍，也要在播出时打马赛克。有些媒体记者为了渲染"贫困"，要求孩子恸哭或作出绝望的表情以博得受众的同情和激愤，这些都是对孩子的伤害，有违媒体工作者的职业伦理。因为孩子不同于公众人物，他们的隐私不能被商品化。绝对不能做"牺牲一个孩子，让更广大的孩子受益"的违拗媒体伦理的报道，儿童不应因处境不利儿童就遭遇牺牲，每个儿童都应该受到同等保护。不能公开受暴者裸照，不能使用衣不蔽体或受暴者处于窘态的照片。面对面采访孩子时，必须征得他同意，告诉他采访会给他带来什么好的和不好的影响，让他自己做决定。如果他太小无法做决定，应该让他父母做决定。严禁公示"个人敏感信息"。严格遵循国家有关个人信息保护的相关法规制度，在奖助学金等评定环节，不能将学生身份证件号码、家庭住址、电话号码、出生日期等个人敏感信息进行公示。尊重保护"学生个人隐私"，在评定学生家庭经济状况时，不能让学生当众诉苦、互相比困；在公示学生受助情况时，不能涉及学生个人及家庭隐私；在宣传学生励志典型时，应征得学生本人同意；在发放资助物品时，鼓励采用隐性资助方式。

二 儿童私人事务被披露

(一) 被侵害的信息

从信息隐私方面而言，个人隐私权是"对人不对事"的，即并不禁止相关事情信息的公开传播，但禁止对相应当事人的具体身份信息的不当传播。儿童私人信息，包括了儿童在社会生活和交往中产生的所有资料和数据。"不论这些信息是书写于纸张档案上抑或是存储在计算机中，也不论它是由本人保管还是由各种机构统一保存"①。

在性侵害中受害儿童面临着一个很大的问题就是社会的接纳，因此他们的内心非常惧怕自己被侵害的事实被外界曝光、讨论，但受害儿童的姓名、年龄、长相、学校等信息往往不受保护，常常在媒体等的报道中公之于众，导致儿童遭受歧视，甚至侮辱，严重危害儿童的精神和心理健康。许多校园性侵害事故是通过新闻媒体等途径向公众披露的，它们的报道和跟进将案件全方位展示给社会大众，从某一角度来说，它们有效地推动了公众对儿童免受性侵害权利的重视，通过舆论监督对侵害者的司法审判和帮助维护受害儿童和家庭的权益。但

---

① 栾辉：《新闻自由与隐私权的冲突与救济》，硕士学位论文，黑龙江大学2011年。.

是同样，体罚侮辱未成年学生和儿童的事件屡有发生，一些媒体还给以公开曝光。被体罚本来就是"受辱史"，再被频频提起，无疑是雪上加霜的二次侵权。公共媒体在行使自身言论自由权的同时，需要承担避免侵犯儿童隐私权、名誉权的义务。媒体对案件的报道会涉及侵害他人的隐私权等问题，在案件披露和后续报道中，公共媒体需要非常重视保护受害儿童及其家庭、侵害者及其家庭，报道中涉及的受害儿童、家庭、侵害者和学校的具体信息以及性侵害的细节，应当进行有条件的保护性过滤，避免当事人各方承受沉重的舆论压力、社会歧视、正常生活被打扰。

（二）儿童的身体信息

在日常生活中，儿童的生理信息也常常受到侵犯，"生理信息包括个体先天得来的一切遗传信息和后天成长发育过程中形成的有关信息"① 某幼儿园教师让十几个裸体男孩摆出很多造型拍照，并把照片发网上。事后还声称当时是讲解性教育和做人道理，没恶意。"男童裸照"存在被扩散出去，被不法分子所利用的风险。在美国，制作和传播儿童裸体照片和视频很可能涉嫌儿童色情罪而被逮捕，下载和观看同样触犯法律，不被容忍。德国联邦政府计划推出的新法规，对未经授权拍摄和传播儿童裸照予以惩罚，制作裸照者最高可被判处一年监禁或者给予罚款，传播裸照最高可判 3 年有期徒刑或罚款。德国联邦理事会认为，儿童裸照有可能刺激恋童癖，尤其是使用裸照从事的一些商业活动可能构成对有关儿童的隐私权的严重侵犯。

（三）儿童的健康信息

儿童的健康信息，是指有关儿童的心理健康状况和身体健康状况的信息。尤其是儿童身患抑郁症、自闭症等心理疾病和其他身体疾病时，儿童因怕受到歧视与孤立，一般是不愿被他人知悉的。但处于上

---

① 　王利明：《人格权法研究》，中国人民大学出版社 2016 年版，第 595 页。

学期间的儿童在身患传染病时，因其涉及公共利益，则应让学校知悉，并采取如休学等相应措施，但学校不应向其他人透露该学生的病情。

健康状况是每个人的生理隐私，而且属于绝对隐私，但是，在现实中儿童的隐私权却得不到应有的尊重和保护。特别是针对留守儿童的大规模的调查，其中以具体数据的形式突显留守儿童的健康状况和卫生保健状况与城市儿童的差异。尽管没有单独指向某一个具体的儿童，但是极大了影响了人们对留守儿童的认知，进一步加大了留守儿童随迁进入城市，融入城市学校和社区的难度。

（四）儿童的经历信息

儿童的个人经历隐私，主要是指儿童对其在家庭生活和社会交往中所经历的活动享有隐私权，包括儿童的以往的不良经历、违纪受处分的情况、犯罪记录等。依据《未成年人保护法》《预防未成年人犯罪法》等的规定，罪错青少年不能公开审理，犯罪记录封存，在升学就业过程中不能受到歧视。

三 困境儿童隐私权益遭遇侵害的根源分析

作为无民事行为能力人或是限制民事行为能力人，儿童是需要被父母保护的"弱势"人群。"儿童享有隐私权"吗？有调查显示，70%的小学老师否定"小学生享有隐私权"；21%的中学教师反对"中学生享有隐私权"。① 隐私权作为一种人格权是生而平等的，它本质上不因年龄、智力状况或社会地位等内在或外在因素的差异而有根本性的区别。在传统观点中，儿童总是被视为在家依附家长，在外依附成人社会的保护，儿童并没有被社会作为独立的个体看待，更有甚者，将儿童作为家庭的"私有财产"来对待，在父母"爱"的名义

---

① 桑玲：《保护"未成年人隐私"迫在眉睫》，《宁夏教育》2006年第5期。

下，儿童毫无权利可言。在这种传统观念影响下，儿童隐私权时常被来自各方的相对人侵扰，虽然大部分的侵权人是出于保护儿童的善意，但其侵权行为的实质性却是不争的事实。更严重的是，当这种所谓的"善意"形成一种广泛的思维定式、一种教育理念时，儿童的隐私权将在社会认同层面上被习惯性的抹杀，一个人对他人隐私的尊重也将从儿童时期就开始变得匮乏，而由侵犯儿童隐私而导致的种种人格和心理健康问题也会慢慢累积起来，使其陷入成长困境，这对一个民族和国家的法制进程和公民素质的破坏将是巨大的，甚至是无法弥补的。因此，对困境儿童隐私权益保护的研究，旨在使人们积极地转变观念，树立与时代相适应的新型儿童观，从内心深处树立尊重儿童、保护儿童的观念，推动儿童工作和儿童保护事业的新发展。

本章小结

本章通过对困境儿童人格权益损害的实证分析，描述以留守儿童、流浪儿童、遭遇家庭及校园暴力儿童为代表的困境儿童人格权益实现状况。基于"儿童是成长中的人"的理念，分别从监护侵害行为对儿童生命健康权的侵害、媒体滥用表达自由对困境儿童名誉权的侵害"和教育与保护遮蔽下的困境儿童隐私权侵害 3 个角度，结合具体案例进行描述和分析，揭示我国困境儿童人格权保护问题已经迫在眉睫，而法律作为却不尽人意的现实。

2021 年 1 月开始实施的《民法典》对以困境儿童人格权益保护为代表的未成年人人格权益保护作出了相关的规定，从立法的角度为问题的解决提供了法律规范。《民法典》总则第 14 条规定："自然人的民事权利能力一律平等"，儿童即便身处困境需要救助，也同样具有平等的民事权利能力，以维护人格尊严为价值取向的人格权益不容侵犯。总则第 8 条规定："民事主体从事民事活动，不得违反法律，不得违背公序良俗。"监护人在抚养、看护和教育儿童的过程中不能侵害儿童的生命健康、名誉和隐私，所有行为不能违背"照顾儿童"的公序良俗。总则第 19 条，将限制民事行为能力人的年龄从 10 周岁下调到 8 周岁，明确其"可以独立实施纯获利益的民事法律行为或者与其年龄、智力相适应的民事法律行为"，总则第 35 条进一步明确"监护人应当按照最有利于被监护人的原则履行监护职责。""未成年人的监护人履行监护职责，在作出与被监护人利益有关的决定时，应当根据被监护人的年龄和智力状况，尊重被监护人的真实意愿。"为困境儿童行使人格权请求权和侵权请求权保护自己的生命健康、名誉和隐私等人格利益提供了法律依据。在困境儿童人格权益遭受损害的实证分析中，监护人对儿童的侵害触碰道德底线，《民法典》总则第 36 条规定当监护人"实施严重损害被监护人身心健康行为""怠于履行监护职责，或者无法履行监护职责并且拒绝将监护职责部分或者全部委托给他人，导致被监护人处于危困状态"或"实施严重侵害被监护人合法权益的其他行为"时，人民法院根据有关个人或者组织的申请，可以撤销其监护人资格，安排必要的临时监护措施，并按照最有利于监护人的原则依法指定监护人。被取消监护人资格的监护人，应当继续履行负担的义务。鉴于儿童在原生家庭中生活最适宜儿童的成长的现实，《民法典》总则第 38 条规定监护人资格恢复，"除对被监护人实施故意犯罪的外，确有悔改表现的，经其申请，人民法院可以在尊重被监护人真实意愿的前提下，视情况恢复其监护人资格"。《民法典》总则第 191 条规定"对未成年人遭受性侵害的损害赔偿请求权的诉讼时效期间，自受害人年满十八周岁之日起计算。"进一步维护了遭遇"性侵"的困境儿童的诉讼权利，惩治犯罪。

第三章 困境儿童人格权益保护的
域外法制经验

　　关于保护儿童生存和发展权利的立法最早可以追溯到西方奴隶社会时期，《摩奴法典》和《汉谟拉比法典》都特别保护了儿童权利。《摩奴法典》的第八卷第 27 条规定：在没有任何监护人的情况下，儿童在完成学业之前继承的所有财产应受国王保护，国王有义务保护儿童在成年之前的法定权利，这是早期"国家监护"的渊源之一。《汉谟拉比法典》针对儿童权利作出更详细的规定，第 29 条指出："倘其子年幼，不能代父服役，则应以田园之三分之一交与其母，由其母养育之。"联合国《儿童权利公约》第 20 条规定"各国应为失去父母的儿童提供适当的其他照管"。针对家庭，特别是失去父亲养育的"困境儿童"提供生存和发展的法律上的保障。当今世界各国都在通过制定"儿童法"来保护困境儿童的人格利益，在国家监护、反报道请求权及隐私保护方面做出努力。

第一节　关于困境儿童生命健康权的法律保护

一　英国为预防虐待困境儿童立法

英国在 19 世纪末通过立法建立了世界上最早的儿童免受虐待的法律保障体系。历经 100 年，英国《儿童法》成为当前世界各国儿童健康权保障的法律摹本。

（一）《预防虐待和忽视儿童法》（1889）：将忽视和虐待认定为犯罪

英国为保障困境儿童权益立法可追溯到 1601 年的《伊丽莎白济贫法》，在这项旨在济贫的法案中，有针对孤儿流浪儿以及贫困儿童进行保护的内容。267 年后，针对父母对子女的不尽责，《济贫法修正案》在 1868 年提出，不足 14 周岁的未成年人在成长过程中没有得到充分的生活所必须的衣物，衣食住行的不足都没有引起父母足够的关注和解决，父母的这种失职就是犯罪行为。1889 年，《预防虐待和忽视儿童法》的出台再次将父母忽视造成子女受到伤害的行为提上法律文本，使得这部法律成为首个特别关注儿童权益维护的法案，其中对于儿童遭受的伤害进行分门别类的规定。如此细致实则就是为了防止儿童受到任何不利于其成长的伤害，法案中将忽视、虐待认定为犯罪行为，还强调如果在儿童成长过程中的实质行为没有得到一定的改善，那么相关机关就有权力依据法律规定剥夺其父母的监护权。而关于故意伤害儿童和胁迫儿童进行街边乞讨、偷盗等并不符合其意愿的活动，都规定了相应的惩罚。伴随着父母失职、犯罪的形式越来越多样，法律也逐渐走向了体系化。之后，《预防虐待儿童法》和《儿童及少年法》分别在 1894 年和 1933 年得以面向社会公布。

（二）《儿童法》（1989）：把监护侵害类别化

第二次世界大战后，人权观念被世界各国广泛接受。联合国大会

1989年通过的《儿童权利公约》，其第一部分就明确了保护儿童健康权，并要求各缔约国尽其所能，确保儿童健康达到可实现的最优标准。《世界人权宣言》和《儿童权利宣言》让"儿童权利与成人一样应该受到关注，并且应该有成文的法律确定其主体地位"的观念得到认可，英国在这方面的法律作为就非常及时。随着《子女法》《性犯罪法》《儿童监护法》的颁布，保护儿童权利法律体系不断完善。1989年颁布《儿童法》，对于虐待较之以往有了新的界定，把父母等监护人的虐待分为忽视、实质性身体伤害、隐秘性性虐待和潜伏效能感情感伤害，并认为教师通过惩罚但是造成一定伤害的行为也属于虐待。该法案已将近乎所有有关儿童的法律纳入其中，并成为英国最重要的儿童保护立法。后来在2000年和2004年进行了两次修订，与同时期出台的《儿童收养法》《照管标准法》《健康和社会照管法》《教育法》让英国在防范儿童虐待方面成为各国儿童保护立法借鉴的典范。

二 美国从自由放任到国家干预儿童事务

自由主义盛行时期，美国政府无论是在国家政策方面，还是法律监管方面，都尽可能地不参与家庭事务。在政府的观念中，父母作为子女的天然保护者，应该对子女负有全部的责任，并且这种责任是不容置疑的。面对监护侵害的真实存在，"国家干预"成为必然，当父母确实无法照顾儿童，甚至在某种情况下采用非正常方式虐待儿童的时候，政府作为保护公民合法权益不受侵害的最后一道防线，有权力强制性地保护他们。美国在这个领域的做法就值得我们借鉴，① 1935年《社会保障法》颁布，正式以专门法律条文的形式确认立儿童权

---

① 满小欧、李月娥：《美国儿童福利政策变革与儿童保护制度——从"自由放"到"回归家庭"》，《国家行政学院学报》2014年第5期。

利应该得到国家的应有保护。之后，家庭援助计划得到实施，联邦政府和州政府联手对孤儿、单亲家庭孩子和父母无法科学照顾、教育儿童的家庭进行福利补贴。① 紧接着，1961 年，《特别未成年儿童援助法案》将之前的救助范围扩大到父母一方失业的儿童，享受这项红利的儿童再一次得到大范围的扩大；两年之后，《社会保障法修正案》又号召开展儿童救助行动，这次的行动再一次扫清了困难儿童生活的障碍，为 20 世纪 70 年代以后的"国家干预"家庭中的儿童奠定了基础。这些举措也为我国制定《关于加强困境儿童保障工作的意见》《国务院关于加强农村留守儿童关爱保护工作的意见》等针对困境儿童家庭支持的政策提供了借鉴。

（一）《儿童虐待防治与处遇法案》（1974）：儿童虐待案件处理的标准法案

《儿童虐待防治与处遇法案》这部专门针对儿童虐待处理的法案前后经过 6 次讨论修订，最终成为儿童虐待案件处理的标准法案，对儿童能够在法律的保护下免受虐待起到积极作用。以此为范本，儿童虐待防止工作小组得以成立，主要任务就是协调指导各相关部门做好防儿童虐待的预防和惩治工作。如果能够证明在家庭中儿童确实遭受虐待，并且造成了一定的影响，工作小组就有权力着手处理而不受干预。

1. 儿童虐待与疏忽咨询委员会

困境儿童在家庭中受到不公正待遇，比如被虐待、被情感忽视及被冷漠对待，这些都得到美国儿童保护相关法律的关注。儿童保护服务局成为保护困境儿童问题的机要部门，在这个部门之下，"儿童虐待与疏忽咨询委员会"成为主要力量。这个委员会由儿童保护领域

---

① Janet M. Currie, "Choosing among Alternative Programs for Poor Children", *The Future of Children*, 1997, 7（2），p. 113-131.

有杰出研究的专业人员构成，主要跟踪追寻儿童虐待，分析造成虐待案件的各项因素，并以此为根据向相关部门提交报告，为法案的修改、资料的整理提供科学合理的建议。国家儿童虐待信息交流中心将所收集到的资料进行专业保存，并在必要的时候进行宣传，起到示范普及的作用。各项有关儿童虐待防治的工作在相关部门的督促下得以顺利展开，各种关于儿童受虐待的案件在法律的精准确认下得以审理，各类防范儿童受虐待的社会活动在政府、专业人员、民众的关注下得以顺利开展并得到广泛的响应，各类相关研究报告以资料集的形式面向公众，并且得到国会的重视。①

2. 虐童"强制报告"和资金支持

虐童事件最开始只是从身体上的虐待来加以确认，因此关于虐待的界定，医生的诊断就成为关键性因素。在关于这类事件的"强制报告"中，医生的举报往往决定了案件是否可以受理。后来，随着法律的完善，举报人被扩大了范围，不再局限于医生、教师、警察、保姆和一些照顾孩子的特殊机构的工作人员，他们都有责任在发现虐童事件后向有关部门进行反映。相应地，报告的内容由原来的监护人对儿童身体伤害或虐待，扩展到后来的监护人对儿童照顾不周、疏于管教、情绪管理失当等其他方面。为了使虐童事件得到更多的关注、案件得以尽快地处理，美国在资金支持方面也做了大量的工作，投入专款增加儿童信托的支持力度，甚至还出台了附加税的政策，比如像结婚、出生、离婚等都要求缴纳特别税费。州政府还在税收方面出台了相关的优惠政策，旨在让人们特别关注虐童项目。自愿捐助得到的专项资金，使得社会大众对虐童事件的正确处理的支持力度大幅提升，而如何管理这些资金，使每一个捐助者的爱心都能够发挥最大的

----

① 孙云晓等：《当代未成年人法律译丛（美国卷）》，中国检察出版社 2006 年版，第 20—24 页。

作用，也成为儿童信托部门的一项重要工作。

3. 代理人制度

美国在《儿童虐待防治与处遇法案》中确立了儿童代理人的角色与定位，以期使儿童在各个保护程序中均能有人为其维护儿童最大利益。因为儿童在自身利益遭受到损害的时候不具备申诉人的资格，但是他们的合法权利必须得到保障。因此，法律规定，在儿童相关案件审理过程中，代理人与律师、诉讼代理人或特别代理人都有不同的角色分工，儿童代理人的意见优于律师意见，律师必须遵从儿童代理人的意见来决定如何为儿童争取权益。这一"优先权"的前提是，儿童代理人所提供的意见必须基于儿童最大利益。

（二）《收养救助与儿童福利法案》（1980）：关注家庭的完整与和谐

美国政府推行强制性介入家庭政策。但是法律在此类事件的处理中，却没有注意到这两者之间的内在联系，生硬地将儿童的处境和家庭环境分离开来。对这一问题的忽视使得受虐待儿童进入到国家寄养体系时，不仅增加了政府的财政负担，而且由于经常性地在各种寄养机构中迁徙搬家，也让儿童的成长充满了不稳定因素，缺少安全感。研究表明，贫困家庭的普遍存在是儿童问题产生的根源，（我国出台《关于加强困境儿童保障工作的意见》，也是基于这方面的考虑）美国政府消极的救助策略治标不治本，要解决儿童问题，最根本的方法应该是从家庭着手。如果儿童生活在一个安全温馨的家庭环境中，那么保护儿童就不会像现在这样棘手。基于这样的思考，20世纪80年代以来，美国的儿童福利政策开始出现变化，由原来的补救性措施转换到如今的预防性政策，希望以此方式把儿童受害事件扼杀在萌芽中。一方面，为了防止过度干预造成的消极应对，美国开始尊重家庭在儿童成长中的重要作用，并且尊重父母对于子女科学合理的教育方式，这种适度介入的方式使得亲子关系的生长环境得到改善。另一方面，家庭的完整是儿童不受到伤害的关键，因此帮助强化家庭的凝聚力便是政府"家庭强化计划"的主要任务。无论是尊重家庭在儿童教育中的权利与地位，还是实施家庭强化计划，都是希望从根本上解决儿童受虐待的问题，避免问题的再扩大。在这一计划的支持下，《收养救助与儿童福利法案》得以在 1980 年颁布，法案强调关注家庭的完整与和谐是保护儿童的重要举措，应该得到充分重视，联邦政府在必要的时候，得有专项资金保障儿童的家庭环境不受外力破坏，在儿童家庭不完整的情况下，政府要及时救助，大力支持任何有助于家庭完整的行动。到了 1990 年代，"家庭保护与支持服务项目"《收养与安全家庭法案》《促进成功与增加收养法案》相继出台并实施，不断表明美国政府对于家庭的重视。

三　日本介入家庭以防止虐待儿童

身体利益的享有权包括两方面内容，一是指维持身体的完整，二是指维持身体利益的安全；身体完整和安全的维护权，是指权利人在其身体的安全和完整受到他人侵害的时候，有权采取一定的措施排除他人的侵害或妨害。此种措施既包括采取正当防卫、紧急避险等积极措施，也包括行使消极的人格权请求权，主张停止侵害、排除妨害、消除危险。国家介入家庭保护儿童利益得到日本法制的授权。日本积极为儿童免受虐待权立法，《儿童福利法》《儿童虐待防止法》《有关处罚儿童性交易、儿童色情等行为及保护儿童等的法律》等为儿童搭建起防护通道。

（一）《儿童福利法》（1997 年）：赋予组织介入调查儿童受虐待状况的权利

儿童福利问题也受到日本的关注。《儿童福利法》以成文法的形式规定了未满 18 周岁的儿童遭受虐待的情况。其中第 25 条，明确了"通告义务"，即儿童虐待行为的发现者有向儿童相谈所等机构予以通告的义务。与儿童相谈所同时负有这一责任的还有隶属于厚生劳动省的调查委员会，主要负责儿童虐待问题的调研。《儿童福利法》保障了这些机构的调查权利，第 29 条赋予组织以介入调查的权利，对有儿童虐待嫌疑的家庭或工作场所可以介入调查。这一规定与第 33 条关于"暂时保护"的规定直接相连，它赋予相关部门对儿童虐待行为拥有单独行动的特权，当儿童受到虐待，即使其监护人以各种理由阻止其介入，这些机构也有权力以保护儿童生命安全为由强行介入其中。第 28 条规定，家庭裁判所是负责审理、批准其申请的部门，如果有必要，可以将儿童移送至有特殊保护的机构进行照顾。

（二）《儿童虐待防止法》（2000 年制定，2004 年修订）：举报义务成为共识

《儿童虐待防止法》作为防止儿童虐待的专门法，对维护儿童利益，保护儿童生命健康权益起到重要作用。它将"儿童虐待"定义明确化，同时对"儿童虐待的主体"进行确认，即"亲权行使人、未成年监护人及其他监护儿童的人"，而未满 18 岁的人是"虐待对象"。在此基础上，对"虐待行为"作了细致的规定。此法在第 3 条中指出：任何人都不能虐待儿童，为了实现这个目标，法律采取责任分担的方式明确了政府的应有作为。第 4 条中这样规定，解决虐待儿童问题应该通力合作，国家、地方政府、民间机构都应该参与其中，儿童咨询所作为儿童问题的专业机构，应该对从事儿童虐待行为防治的公职人员进行培训，使得他们可以做到儿童虐待早期发现。同时第 4 条列举职务上较多机会接近儿童的关系人，如医生、教师等的培训，扩大儿童虐待事件通报义务的范围。其具体举措在《儿童福利法》有相关规定。《儿童虐待防止法》再次强调了儿童虐待事件通报的义务。在受虐儿童保护的具体承担人上，第 8 条规定由儿童咨询所所长对受虐儿童实施临时性保护。但是该法案只给监护人有限的权力，在监护人行使监护权的过程中，不但要关注监护权的行使事项，还要注意亲权在行使过程中的有关规定，监护人不得超越权限，跨越监护权和亲权的限制，为其过失行为或者犯罪行为寻找借口，以此来推卸责任。"举报义务"在日本预防虐待儿童的法律规定中越来越"强硬"。2000 年就规定"如果发现有虐待的必须举报"，2004 年修订后，该条款修订为"认为有虐待的必须举报"。修订后《儿童虐待防止法》将"语言暴力"列入虐待标准。日本政府和社会机构积极关注家庭的监护侵害行为，日本厚生劳动省和东京虐待防止中心从20 世纪 90 年代开始对儿童虐待数据进行了统计，并逐年公布。其他的非营利性组织联合儿科医生、心理医生以及这一领域的社会工作者，对各种针对儿童虐待情况进行及时的访问。关于儿童虐待问题的研讨会接纳社会各界参与，对儿童生命健康权益的保护在社会中得到共识。

四　《德国民法典》确立了家庭法院干预制度

《德国民法典》以儿童的最佳利益受到严重危害为根据确立了家庭法院干预制度。《德国民法典》将亲权与监护明确区分，为体现监护职责的公共性，设置监护监督制度。在儿童权利得到普遍尊重的情况下，《德国民法典》以"父母照顾"（elterliche Sorge）概念取代了传统的亲权概念。自 1992 年废除禁治产制度后，德国民法上的"监护"专指对未成年人的照顾，对成年人则适用新设立的"照管"制度。监护的目的是代替父母照顾，《德国民法典》在个人监护之外还承认社团监护与官方监护。官方监护具有确保需要监护的未成年人获得照顾的兜底规范功能。① 根据《德国民法典》，监护监督由家庭法院和监护监督人承担。监护关系的成立和消灭须经家庭法院批准，未成

---

① 朱广新：《监护监督制度的立法构建》，《苏州大学学报》（法学版）2020 年第 1 期。

年人不能处于父母照顾之下是法院命令设立监护的基本情形，但当子女的最佳利益受到危害时，法院也可命令设立监护人。监护监督人是家庭法院在监护人之外为监督监护的执行而专门选任的人。根据《德国民法典》第1799条的规定，监护监督人的基本义务和权利为：一是必须注意监护人是否合乎义务地执行监护；二是必须不迟延地向家庭法院报告监护人的"义务违反"及家庭法院有权干预的一切情形。

家庭法院通过对父母照顾权的干预和监督实现对未成年人权益的保护。《德国民法典》第1666条为家庭法院监督、干预父母照顾权提供了规范基础。该条对于法院干预规定了两个条件：一是子女在身体、精神或心灵上的最佳利益受到危害；二是父母无意或不能避开危害。所谓子女最佳利益受到危害，是指各种对子女的完整性利益和发展利益的严重损害。完整性利益包括维护身体健康，提供食品、衣物、住房以及最低限度的人身投入。如在这些领域发生危害，国家必须迅速有效地采取干预措施。发展利益是指通过教育和适当社会接触获得的发展、学校和职业培训、对精神和文化兴趣的培养以及随着年龄增长而逐步提高的自决能力。在发展利益领域必须保持一定的克制，因为在一个多元化的社会中，对于"最好教育"本身就存在很多不同的理解。子女所受危害通常源于父母滥用其照顾权、漠视子女、无过错的拒绝及第三人的行为，但并不以此为限。凡客观上与子女的保障利益和发展利益的目的和意义相背离的父母照顾行为，不管父母对此是否存在过错，皆可纳入其中。"父母无意或不能避开危害"同样不需要考虑父母的主观过错，如果父母不准备避开危害，法院首先要通过声明敦促其采取行为，以维护子女最佳利益；危害严重的，法院可以立即进行干预。①

_____

① 朱广新：《监护监督制度的立法构建》，《苏州大学学报》（法学版）2020年第1期。

2020 年 6 月，十三届全国人大第三次会议审议通过的我国《民法典》仍旧沿用《民法通则》、《民法总则》的体例，没有明确提出"监护监督"，只在"总则"的"自然人"一章中，第 26 条第 1 款、第 27 条第一款及第 36 条规定了监护制度和撤销监护人资格的 3 类情形，强调"人民法院根据有关个人或者组织的申请，撤销监护人的监护资格"，并明确"本条规定的有关个人和组织包括：其他依法具有监护资格的人，居民委员会、村民委员会、学校、医疗机构、妇联、民政部门等"，这些个人或组织被赋予的是"举报"监护侵害的责任而不是"监护监督"的过程性责任。在 2015 年 1 月 1 日起施行的《最高人民法院、最高人民检察院、公安部、民政部关于依法处理监护人侵害未成年人权益行为若干问题的意见》对如何处理监护侵害行为从"报告和处置""临时安置和人身安全保护裁定""申请撤销监护人资格诉讼""撤销监护人资格案件审理和判后安置"等方面予以详细规定，这些规定都属于事后救济，对于如何督促监护人积极、适当履行监护职责及如何及时制止、纠正监护人不适当履行监护职责的行为没有提及。根据我国《未成年人保护法》第 62 条的规定，父母或者其他监护人不依法履行监护职责，或者侵害未成年人合法权益的，由其所在单位或者居民委员会、村民委员会予以劝诫、制止；构成违反治安管理行为的，由公安机关依法给予行政处罚。2016年《反家庭暴力法》第 12 条规定，未成年人的监护人应当以文明的方式进行家庭教育，依法履行监护和教育职责，不得实施家庭暴力；第 16 条规定，家庭暴力情节较轻，依法不给予治安管理处罚的，由公安机关对加害人给予批评教育或者出具告诫书；第 21 条规定，监护人实施家庭暴力严重侵害被监护人合法权益的，法院可以根据申请依法撤销监护人的监护人资格，另行指定监护人；第 23 和 29 条规定，未成年人因遭受家庭暴力或者面临家庭暴力的现实危险，其近亲属、公安机关、妇女联合会、居民委员会、村民委员会、救助管理机构可以为其向法院申请人身安全保护令，该人身安全保护令包括向家庭暴力实施者发出的"禁止接触令"和"责令迁出住所令"。《反家庭暴力法》中的制止监护人不当行为的法律措施，应当在《民法典》"总则"中"监护"一节里有所表述，但目前仅仅提到了"监护人资格撤销"的3类情形，不利于排除妨碍，保护未成年人的最大利益。鉴于监护监督制度的重要性，民法典有必要在《未成年人保护法》《反家庭暴力法》等零散规定的基础上，对监护监督作出比较系统的规定。

五 比较与借鉴

（一）困境儿童人格权益法律保护是国家责任

英国《儿童法》为我国的困境儿童人格权益保护的国家责任提供启示。首先，对虐待儿童规定了详细的司法干预路径。该法案指出，政府也是儿童合法的监护人，在发现遭受父母虐待的时候，有权力将儿童与其父母进行隔离，并在必要的时候撤销父母的监护资格，同时，其他监护人，如教师、街坊邻居、社区管理者等都有责任也有义务在发现儿童的情况时如实向相关部门予以报告。根据儿童受伤状况，政府颁布了紧急命令，如监护令、监察令、儿童评估令和特别保护令等。英国对于政府在儿童保护中的应有作为非常重视，在法案中多次强调国家和父母一样都是儿童与生俱来的保护者，保护儿童不受伤害是他们的天职，更是他们不可推卸的责任。为了让困境儿童健康生活，英国政府从补缺型立法到基础性制度革新，在这一理念的指导下，英国重视政府主导作用，逐渐构建了一套卓有成效的工作体制。我国2015年1月实施的由最高人民法院、最高人民检察院、公安部、民政部联合出台的《关于依法处理监护人侵害未成年人权益行为若干问题的意见》就凸显了国家对困境儿童保护的责任，指出"处理监护侵害行为，应当遵循未成年人最大利益原则，充分考虑未成年人身心特点和人格尊严，给予未成年人特殊、优先保护。"在 35 条中列举了可以撤销监护人资格的行为表现，强调了保护困境儿童不受伤害是国家的责任。

（二）面对监护侵害的举报义务

日本《儿童虐待防止法》将"儿童虐待"定义明确化，同时对"儿童虐待的主体"进行确认，即"亲权行使人、未成年监护人及其他监护儿童的人"。第 4 条中规定，虐待儿童的问题更应该通力合作，国家、地方政府、民间机构都应该参与其中，儿童咨询所作为儿童问题的专业机构，应该对从事儿童虐待行为防治的公职人员进行培训，使得他们可以做到儿童虐待早期发现。要求职务上有较多机会接近儿童的职业人，如医生、教师等必须参加培训，扩大儿童虐待通报义务的范围。《中华人民共和国反家庭暴力法》规定了相关机构的报告职责，建立人身安全保护令制度，控制监护侵害的扩大化，排除妨害。《关于依法处理监护人侵害未成年人权益行为若干问题的意见》第 3 条强调"对于监护侵害行为，任何组织和个人都有权劝阻、制止或者举报"，并对公安机关、民政部门、人民法院、人民检察院的具体职责作出了规定。与日本《儿童虐待防止法》一样，《关于依法处理监护人侵害未成年人权益行为若干问题的意见》也要求学校、医院、村（居）民委员会、社会工作服务机构等单位及其工作人员、其他单位及其工作人员，发现未成年人受到监护侵害的，应当及时向公安机关报案或者举报。

（三）监护人资格的恢复

美国政府推行强制性介入家庭政策，但是处理政府和家庭关系上显得有些生硬。以单一的标准来衡量"虐待"，没有将儿童的处境与其家庭的现实环境结合起来。这样就使部分不需要带离家庭的儿童被迫离开家庭，进入到国家寄养体系中。这样做不仅增加了政府的财政负担，而且儿童经常性地在各种寄养机构中迁徙搬家，使其成长出现了不确定性和风险。因此，需要从发展的角度看待被取消监护资格的监护人的"转变"。把儿童带离家庭不是目的，通过助力监护人转变，使儿童回归家庭才是目的。《关于依法处理监护人侵害未成年人权益行为若干问题的意见》在对判决撤销监护人资格的情况进行列举之后，规定了对于有监护侵害行为但不判决撤销监护人资格的家庭的介入，即"人民法院可以根据需要走访未成年人及其家庭，也可以向当地民政部门、辖区公安派出所、村（居）民委员会、共青团、妇联、未成年人所在学校、监护人所在单位等发出司法建议，加强对未成年人的保护和对监护人的监督指导。"通过这种"不离家"的家庭监护矫正，提升监护人的监护质量。第 40 条针对监护人悔改表现，"人民法院经审理认为申请人确有悔改表现并且适宜担任监护人的，可以判决恢复其监护人资格"，为困境儿童提供最适宜的家庭生活环境。

（四）支持家庭进而保护困境儿童

美国《社会保障法》（1935 年）正式以专门法律条文的形式确立儿童权利应该得到国家的应有保护。此后，家庭援助计划得到实施，联邦政府和州政府联手对孤儿、单亲家庭孩子和父母无法科学照顾、教育儿童的家庭进行福利补贴。[1]《特别未成年儿童援助法案》（1961 年）《社会保障法修正案》（1963 年）将救助范围扩大到父母一方失业的儿童，进一步减轻了困难儿童生活的障碍，为 1970 年代以后的"国家干预"家庭中的儿童奠定了基础。这些举措也为我国制定《关于加强困境儿童保障工作的意见》、《国务院关于加强农村留守儿童关爱保护工作的意见》等针对困境儿童家庭支持的政策提供了借鉴。

---

[1] Janet M. Currie, "Choosing among Alternative Programs for Poor Children", *The Future of Children*, 1997, 7 (2), pp. 113-131.

我国也已经初步形成了防止未成年人遭受家庭暴力的相关方案，内容也涵盖以上内容，关键的问题是落实。我国《宪法》第 49 条规定："婚姻、家庭、母亲和儿童受国家的保护……父母有抚养教育未成年子女的义务……"。《未成年人保护法》经过两次修订，强调"家庭保护"。2015 年 12 月通过的《反家庭暴力法》规定，要给予未成年人特殊保护，其中第 12 条规定未成年人的监护人应当以文明的方式进行家庭教育，依法履行监护和教育职责，不得实施家庭暴力。同时规定了学校、幼儿园、医疗机构、居民委员会、村民委员会、社会工作服务机构、救助管理机构、福利机构及其工作人员的报案责任。

第二节 关于困境儿童隐私权的法律保护

隐私权与名誉权区别鲜明，但二者之间的联系依旧紧密，困境儿童常常因为隐私权被侵犯，进而被第三人知晓扩大，使得名誉受损。从权利客体的角度来讲，名誉权的客体是公众对民事主体的社会评价；而隐私权的客体是当事人不愿公开的秘密。从权利内容的角度来讲，名誉权的内容是当事人名誉的获得、维护、排斥他人对名誉的侵害；而隐私权的内容是不非法获得或非法披露权利主体的个人信息，其个人决策、私人生活不受他人影响。从侵权方式的角度来讲，名誉权的侵权方式是以欺侮、诽谤或者其他方式损害他人的人格及名誉；隐私权的侵权方式大多存在非法侵扰、利用和散播等，由此影响受害者的生活。从侵害结果的角度来讲，侵犯名誉权一定会贬损受害者人格、降低其名誉；侵犯他人隐私却不一定会降低名誉。儿童名誉权与隐私权的国家保护是随着网络时代的来临逐步完善的，通过立法，以个人信息的保护、网络隐私、性隐私等为主要内容保护儿童隐私权，因而维护儿童的名誉。

一 依法保护儿童个人信息

美国从《家庭教育及隐私权法》（1974 年）开始保护儿童的隐私权，它保护了学校中儿童个人信息的隐私性。同时，进一步制定了儿童隐私的范围、学校对儿童隐私的开放性，程序的开放性以及承担儿童隐私权。

日本颁行的《有关行政机关电子计算机自动化处理个人资料保护法》（1988 年）将学生的学习成绩视为其个人隐私，虽被记录在学校电脑中，但不允许在全校发布，也不会被父母和第三人知道。

澳大利亚新南威尔士州《儿童和青少年（照顾和保护）法》（2004 年）在儿童个人信息的隐私权方面作出规定，即第 185 条允许监护人在"提供和交流信息"时，可向某些组织提供儿童信息，但这些组织一定对儿童信息予以保密。

二 保护儿童网络隐私

美国《儿童在线隐私保护法（COPPA）》针对儿童网络隐私作出了详尽的界定，重点界定了儿童"个人信息"的概念及范围；针对儿童的网站和在线服务内容的规定和限制，并禁止了在网络上收集和使用关于儿童个人信息的不公正和欺诈的行为与做法；保护在网络上属于儿童隐私的各种信息。2013 年美国联邦贸易委员会（FTC）针对在网站或软件中收集 13 岁以下儿童信息的情况又做出了更严苛的规定，不仅继续延续"获取 13 岁以下儿童的个人信息"必须获得家长的同意，而且将个人信息范畴扩展到地理位置标记、IP 地址、个人照片或音频、网站浏览等，严格控制利用儿童个人信息。如果网站向其他人发布信息或在发布信息前不允许删除个人信息的沟通时，则该网站必须通过邮件、传真、信用卡认证、电话或数字信号获得父母的同意。联邦贸易委员会认为，在这种情况下，儿童安全风险会增加，《儿童在线隐私保护法》是政府能否成功干预网络环境的基础。

德国《青少年媒介保护国家条约》（2011 年）指出，提供网络内容需对其内容进行年龄等级划分并且要作出标记，而后父母针对软件再决定是否进行筛选。德国媒体行业协会具体负责制定网络内容分级制度，将网络内容划分为 3 个年龄级别（可浏览）：大于 6 岁、12 岁、16 岁或 18 岁。

法国将网络管理作为重点防止网络侵犯儿童隐私，重视儿童个人信息的社会保护，规定"司法部门可以将网络上的儿童隐私侵权和欺诈行为定为刑事犯罪。除了没收犯罪工具和经济制裁之外，刑事司法将给予不同的刑事拘留期限。"同时，法国为指引监护人及学校保护儿童网络隐私，而成立了两个协会，即"无辜者协会"和"电子-儿童协会"。

三　保护儿童性隐私

联合国儿童基金会为遏止儿童报道中的侵权行为，更新了《涉及儿童的新闻报道伦理原则》（2010 年 8 月）。《伦理原则》关注因"困境"而进入媒体视野的儿童，特别是那些可能因为在媒体报道中被公开身份而面临身体伤害、精神痛苦或社会歧视的儿童，特别是遭遇性虐待的儿童。《涉及儿童的新闻报道伦理原则》明确了采访儿童和涉及儿童的新闻报道的指导原则，"不能让任何儿童蒙受进一步的耻辱"，对于经受过性虐待或压榨、携带艾滋病病毒或患有艾滋病及已被起诉或定罪的儿童应使用化名并且对其视觉形象进行模糊处理。杜绝勾起不幸事件给儿童带来痛苦和悲伤的"二次伤害"，"在采访中避免使用评判性或者无视文化价值差异的问题、态度或者评论"、"防止儿童处于危险之中或遭遇羞辱"；不能为了引起公众关注，而命令"儿童说或做其没有遭遇的事情"；"确保音视频在展示儿童的家庭、社区或者大致所处地域之后，不会置该名儿童于危险处境或者受到负面影响，不会遭到当地居民的歧视和排斥"。在所有国家和地区中，几乎所有对儿童性侵犯的案件都是隐秘处置的，但具体情况并非完全相同。

韩国实施的《少年儿童性保护法》（2010年）规定，国家和地方政府应当采取与儿童性保护相关的调查、研究、教育和指导的法律、体制保障和提供财政资源等措施，认可儿童的性隐私。同时，尽力淡化对性侵受害者的特殊关注，以免他们得出错误的结论，并且设置特别机构和具体环节来处理性侵犯，以免儿童"受到二次伤害"。香港1998年开始成立专门保护儿童的服务机构，负责处理越来越多的儿童性侵犯案件。政府社会福利署已成立儿童保护科和临床心理服务处，旨在服务受害儿童。香港立法机关也制定了特别的保护程序，以保护儿童的性隐私，从而组成一个有效的网络运营团队，包括家长、政府社会工作者、警察、教师和医务人员。美国和瑞典的"密室"一站式服务。对涉及儿童隐私的案件进行调查、起诉和审理的程序应当符合保密性要求，包括快速处置、隐蔽保护、特别调查和证据收集、调查案件等程序，在保护儿童隐私方面做得出色。美国为保护儿童免遭性侵害的法律条例《雅各·威特灵侵害儿童和性暴力罪犯登记法令》，要求所有州严格登记性犯罪者的姓名、照片、指纹和DNA等相关信息；《梅根法》为方便大众查询而设立针对性犯罪者的公开宣告制度；利于追查性罪犯而设立的《帕姆·林彻尔关于性罪犯追踪暨身份识别法令》；为扩大登记的范畴和条件而设立的《雅各·威特灵改善法令》；《保护儿童不受性侵犯法令》加强了预防犯罪和调查工作，以防止儿童遭受性虐待；《校园性犯罪防止法令》使校园性犯罪更加透明和开放，旨在增强防范意识；《2001年终止剥削儿童检诉及其他作为法令》对儿童性保护的加强是通过完善预警系统来完成的；《亚当·沃尔什儿童团保护及安全法》增强了对性罪犯的监控以此强烈反对儿童性侵害①。此外，美国国会通过了《儿童虐待预防和处理法》《儿童虐待和疏忽报告法》《儿童虐待预防及执行法》等法律也在保护儿童免受性侵害方面发挥了不同的作用。除联邦法律外，各州还制定了更具体的立法，保护其儿童免遭性侵害。

四　比较与借鉴

调控意见表达自由保护困境儿童隐私和名誉。表达者必须在一定程度内行使自己的发言权、发表权和报道权。特别是在现代法治社会中，无论表达的状况如何，只要其以某种方式被大众所知，或者进入大众视野，就会对社会或个人产生一定的影响，所以法律应该调控这种表达。各国宪法和人权公约都不同等级地对表达自由进行了限制。《世界人权宣言》规定，任何人都不应该干涉他人隐私、家庭、住宅和通信等，名誉和荣誉均不得受到诋毁。每个人都有权受到法律的保护，以防受到干扰或诋毁。关于表达自由的调控在《公民权利和政治权利国际公约》与《世界人权宣言》是一致的，在尊重他人的权利或名誉中加以限制，同时要求言论或报道要保障国家安全或公共秩序，或公共卫生或道德。《美洲人权公约》第 13 条对表达自由的调控同《欧洲人权公约》基本相同。区别之处在于此条款不保护对于审查针对儿童及未成年人的节目和煽动种族歧视的活动的处罚。了解到基于意见的表达自由，有明确的法律保护和调控。调控表达自由的意义在于尊重他人的权利，保护国家安全，维护公共秩序、卫生和道德，以及保护未成年人。

当"表达自由"与名誉权相冲突时，法院必须根据案件的客观情况来权衡。"表达自由"不能用损害个人名誉权交换，更不能为了

---

① 孙秀艳：《美国联邦反儿童性侵害犯罪立法沿革及评介》，《青少年犯罪问题》2009 年第 3 期。

保护个人的名誉权来调控"表达自由"。我国《预防未成年人犯罪法》第45条和《未成年人保护法》第58条也对此内容做了规定，即在未成年人犯罪案件中，新闻媒体、公共出版物均不应该公开未成年人的姓名、地址、照片和其他信息。但由于媒体的营销利益及部分媒体人缺乏职业伦理，这些规定没能真正落实。需要进一步完善法律关于侵权行为界定和责任追究制度。借鉴韩国等国家的法律保护经验，我国在保护儿童性隐私方面更加强法律的实际效力，对媒体及自媒体报道行为强有力的规范和规制。儿童的名誉感可以敏感地觉知自己的社会评价，并启动维护机制。国家委托学校和家庭作为"代理人"维护儿童的"名誉感"正是儿童人格权请求权的重要内容。在《儿童权利公约》规范下的我国1991年颁布的《未成年人保护法》已经将隐私权规定为儿童的人格权利，要求"任何组织和个人不得披露未成年人的个人隐私。"2010年7月，《侵权责任法》实施，将隐私权纳入侵权保护范围，确认隐私权为独立的具体人格权。儿童隐私权保护是适应儿童身心发展特点，对有碍于儿童未来健康成长的不利身份信息的不予公开。在儿童权益的司法保护中，要求对儿童的犯罪记录封存，对作为被害者的儿童的身份信息不对外公开等等，这是相对成年人而言，对儿童隐私权的特殊保护。在日常生活中，针对互联网和大数据等技术发展带来的侵害个人信息现象，《民法总则》规定了个人信息的保护规则。以维护人的人格尊严为价值起点，遏制各种"人肉搜索"、非法侵入他人网络账户、贩卖个人信息以打击各种形式的"网络暴力"。隐私权常常陷入与言论自由权冲突之中，儿童隐私权保护的特殊性表现在"与言论自由的抗制中，与成年人的隐私权相比，儿童隐私权有显著的扩张。"① 作为宪法基本权利的"表

① 高维俭等：《论少年特别隐私权——一项源于刑事法领域的拓展研究》，《贵州民族大学学报》（哲学社会科学版）2015年第3期。

达自由"须在和儿童隐私权冲突时"克减"。与一般隐私权不同的是，儿童隐私权缘于法律对少年身心的特殊性及其所处的人生特殊发展阶段的理性关怀以及国家社会对其未来发展的期许，即对有碍于其未来健康成长的不利身份信息，包括违法犯罪记录、被侵害等信息，不予公开，这是成年人通常不能享有的而为少年特别享有的隐私权。

第三节　关于中小学生欺凌中的儿童人格权益法律保护

中小学生欺凌问题是当前各国共同面临的重大社会问题。2017年联合国教科文组织所发布的《校园暴力和欺凌全球数据报告》指出，全球每年有近 2.46 亿儿童以及青少年遭受校园欺凌。[①] 中小学生欺凌的实质是对"被欺凌者"人格权益的毁损，是典型的民事侵权行为。实施欺凌行为的一方是侵权人，对被实施欺凌行为的一方进行暴力的或者非暴力的侵害，造成民事权利的损害，例如身体权、健康权的损害、财产权的损害以及名誉权、人身自由权、性权利的损害等。从立法角度预防和应对校园欺凌，建立基于学校的欺凌防治政策并确立学校在校园欺凌中的地位和权责。

一　把教师放在治理学生欺凌的核心位置

教师是防范化解学生欺凌的重要他人。美国中小学教师干预校园欺凌计划研究结果发现"感知欺凌情境严重性""自我效能""同理心"是教师防范化解学生欺凌情境的三个显著因素，因而，发挥教

---

① 韩蕊等：《国际校园欺凌防治：趋势与经验》，《当代教育科学》2019 年第 10 期。

师旁观者正向作用是阻断欺凌情境产生的关键。① 教师需要清楚"欺凌"与"玩闹"的本质区别，即以强凌弱、多对少、反复多次、恶意、攻击、多种手段，使受害人身心痛苦、恐惧、名誉感丧失、人格自由和人格尊严受到毁损。受害人表现为"不敢上学""不愿上学"，出现社会性焦虑。

"美国密歇根州中小学教师反欺凌计划"（2016 年）实施的最终数据结果和研究结论显示教师个体特征变量在影响教师预防和干预校园欺凌的决策方面发挥了更大作用。教师对于校园欺凌情境意识上的重视程度会直接影响到他们在实际面对欺凌情境时会采取的实践干预行为的可能性。如果教师不能够正确区分"学生欺凌"和"玩笑打闹"之间的本质区别，就可能纵容初期的欺凌，进而使欺凌程度加深。也容易让学生感受到教师对欺凌是不关注的，特别是对于"学困生"的欺凌，这时教师的忽视就可能成为欺凌的"保护伞"，教师成为欺凌的"助长者"。教师的"同理心"和义务感来源于对"同行"行为的认知。"美国密歇根州中小学教师反欺凌计划"的实施结果显示，② 其他教师群体对学生欺凌的群体态度直接影响着教师个人的同理心和义务感。身处学校和社区和谐、同事关系友好的校园的教师对"欺凌"更加"零容忍"，更可能在学生欺凌事件中主动阻止，并且采取防范化解的积极措施。教师干预学生欺凌的"效能感"主要来源于先前成功干预学生欺凌的经验，在参加教师化解欺凌培训中获得的知识和经验，来自社区、学校、家长和学生的支持，特别是学校的支持。因此，安全的职业经验就促成教师积极地干预学生欺凌。

从我国立法实践上看，《中华人民共和国教育法》第 29 条规定，

---

① 孙蓓等：《美国中小学教师干预校园欺凌计划的分析与启示》，《教师教育研究》2020 年第 2 期。

② 孙蓓等：《美国中小学教师干预校园欺凌计划的分析与启示》，《教师教育研究》2020 年第 2 期。

学校及其他教育机构具有对受教育者进行学籍管理、实施奖励或者处分的权利，教师作为学生事务的直接管理者被赋予了"管理权"；《中华人民共和国教师法》第 7 条规定，教师拥有指导学生学习和发展，评定学生品行和学业成绩的权利，作为教师的"基本权利"的"指导评价权"与《中小学班主任工作规定》中的"批评权"共同作为"教师教育惩戒权"获权的依据。《中华人民共和国未成年人保护法》第 25 条规定，对于在学校接受教育的有严重不良行为的未成年学生，学校和父母或者其他监护人应当互相配合加以管教。但纵观我国现行的法律法规，并没有明确地对教师惩戒权作出规定，教师惩戒权的合法性仅从现有的法律条文中推断而来。2019 年 11 月，我国教育部发布《中小学教师实施教育惩戒规则》（征求意见稿），试图终结有关教师惩戒权的规定模糊且散落在学生管理相关的政策和条例中的状况，将教师教育惩戒权纳入法定的教师权利范畴中，明确教育惩戒是教师履行教育教学职责的必要手段和法定职权。学生违反学生守则、校规校纪、社会公序良俗、法律法规，或者有其他妨碍教学活动正常进行、有害身心健康行为的，教师应当给予批评教育，并可以视情况予以适当惩戒。教育行政部门、学校应当支持教师正当行使教育惩戒权，制止有害于学生或者侵犯学生合法权益的言行。学生欺凌作为违反校规校纪和毁损人格利益的侵权行为，情节较重或者经现场教育惩戒拒不改正的，教师经学校德育工作负责人同意，可以实施暂停或者限制学生参加课程表以外的集体活动、承担校内公共服务任务、由学校学生德育工作负责人予以训导、在学校设置的专门教育场所隔离反省或者接受专门的校规校纪教育、家长到校陪读等措施教育惩戒。如果学生欺凌行为屡禁不止，则需要严重惩戒，教师可以给予不超过一周的停课或者停学，要求家长带回配合开展教育；由法治副校长或法治辅导员予以训诫、改变教育环境或者限期转学等措施进行教育惩戒。专门学校教育是其中一种可行路径。对学生欺凌中的

"欺凌者"的惩戒必须合法和适度，遵循比例原则、错罚适当，在这一过程中避免"反向欺凌"。教师不得孤立"欺凌者"，也不能有以击打、刺扎等方式，直接造成"欺凌者"身体痛苦的体罚行为；不能强制"欺凌者"做不适的动作或者姿势等间接伤害身体、心理的变相体罚；不能辱骂或者以带有歧视、侮辱的言行贬损等侵犯"欺凌者"人格尊严，不能称其为"害群之马"，直接或间接要求其他同学孤立"欺凌者"；不能因个人或少数人违规违纪行为而惩罚全体学生；不能因个人情绪或者好恶，恣意实施或者选择性实施惩戒，或者其他侵害学生基本权利或者侮辱人格尊严的行为。

二 学校空间建设保障学生安全

校园仅仅是一个被动的发生欺凌的场地吗？显然不是。某些校园的环境特征的确更有利于欺凌者。比如偏僻的角落更多、卫生间没有救助铃、没有巡逻人员、教师缺乏防欺凌意识和培训等。管理有很多空白也是重要因素。学校应从防范校园欺凌的角度出发，需要重新安排学校基础设施和学校生活，发挥学校闭合空间的优势，关注学校教育和教师关怀，使反欺凌工作当成为学校工作的重要内容之一。

（一）传统物理空间防欺凌设施不断完善

有效控制欺凌情境的产生，则基于该情境支持下的暴力或偏差行为便可以得到有效干预和遏制。提升学校整体监控水平是预防和干预校园欺凌事件的基础，对学生欺凌易发生地点进行重点巡逻与监控，加强校园安全"技术防范"硬件设施质量，在学生洗手间等监控盲点安装求救铃，在学校墙报绘制"反欺凌"宣传画等等，震慑欺凌者。

英国政府针对初见苗头的网络通讯暴力和欺凌，1988 年出台《恶意通讯法》（*The Malicious Communications Act* 1988）规定，以电子通信方式向他人传达攻击性、威胁性以及其他不良信息，或蓄意造成他人产生焦虑、痛苦情绪等行为都将构成犯罪行为。在 1993 年出台的《教育法案》（*Education Act* 1993）中，首次明确确立了学校处理学生偏差行为的政策架构，明确了学校在建设安全措施保障学生的安全的权力和责任，如训导问题学生、没收违禁物品、责令学生留校、使用隔离室、惩罚学生校外不当行为。① 同时，强调学校校长在制定和推行养成学生良好行为的政策中的责任。英国政府 2006 年出台的《教育和督学法案》规定，学校校长须制定行为规范促成学生良好行为、预防欺凌行为。《2014 年教育（独立学校标准）法规》规定，学院经营者应拟定书面政策并进行有效实施，以促成学生良好行为。英国政府在针对欺凌进行专门立法的同时，要求学校根据实际情况制定适合于学校自身的反欺凌措施，以促进欺凌问题的有效预防与解决。《学校标准与框架法》（*School Standards and Framework Act* 1998）要求学校应拟定有效的反欺凌政策并予以实施。在国家和政府反欺凌政策引导下，英国多数中小学校制定了欺凌防治政策。

英国政府出台的以"学校惩戒"为手段的"反学生欺凌"措施，与我国当前的"反学生欺凌"措施非常相似。2016 年起，我国教育部联合司法、群团等部门陆续出台了一系列治理校园欺凌政策，包括《关于开展校园欺凌专项治理的通知》《关于防治中小学生欺凌和暴力的指导意见》《加强中小学生欺凌综合治理方案》和《关于开展中小学生欺凌防治落实年行动的通知》。其中《加强中小学生欺凌综合治理方案》明确了积极有效预防学生欺凌的措施。其中学校加强教育是前提和基础，要求中小学校通过每学期开学时集中开展教育、在道德与法治等课程中专门设置教学模块等方式，定期对中小学生进行学生欺凌防治专题教育。同时，高度重视防范欺凌物理环境建设，为

---

① 董新良等：《英美两国欺凌防治比较研究——基于学校的视角》，《外国教育研究》2018 年第 8 期。

校园安装视频监控系统、紧急报警装置等。2020 年下半年，全国人大常委会修订《预防未成年人犯罪法》，各级政府和部门纷纷出台防范化解学生欺凌的相关政策措施，核心是建设学校安全空间。

（二）网络空间欺凌得到重点关注

"梅根案"之后，各国儿童遇到的网络欺凌案件纷纷浮出水面，各国纷纷出台法律和政策保障儿童的名誉权和隐私权，防止利用网络空间进行的校园欺凌毁损儿童的身心健康。澳大利亚在 2015 年颁布《儿童网络安全提升法案》，对网络欺凌进行专项防治。新西兰颁布《有害数字交流法案》专项治理网络欺凌，试图构建安全的网络空间。

我国学者耿申从学生"朋友圈"净化和学校加强网络技术学习和识别的角度提出了"警惕网络欺凌来袭"的命题。[1] 他认为，在网络欺凌打破了传统意义上欺凌的定义，以"个体力量的大小和人数的多寡"为特征的面对面场景中的"力量不均衡"被网络空间中的"思维和手指所置换"；面对面情境中的欺凌行为"重复发生"，被网络上仅一次性的舆论煽动便可通过瞬间无数次的转发而形成反复欺凌的态势。"围观者"在网络世界欺凌中更是"无所不包"，"几乎所有在线者都可能具备了围观者的性质，所有的跟帖或弹幕，也都具有了"协助者"的性质。""由"排斥"转化为"攻击"，在网络上也远比面对面的场景中来得迅猛、快捷。"侮辱性语言、图片和视频等构成排斥态势，被欺凌者虽然没有身处真实物理空间中，身体上没有受到推搡和攻击，没有提到真实的排斥声音，但是在心理上已经把排斥无限放大，"而此时的语言排斥已变成了与现实中身体攻击所造成的同等甚至更严重的精神伤害"。

反校园网络欺凌的困境不仅在于政策措施的预见性，还包括技术

---

① 耿申：《警惕网络欺凌来袭》，《教育科学研究》2019 年第 10 期。

层面的要求，如我国学者也发映出的识别 P 图、剪接的视频等等技术和能力是多数"围观者"力所不及的，他们相信谣言和"眼见的真实"攻击和排斥"被欺凌者"。普通中小学缺乏技术专家与相关专业性技术人员的情况发生在各个国家，英国教育部组织相关专家学者对中小学中存在的校园欺凌问题进行专项调查研究，出台一系列研究报告及指导性意见。① 2010 年英国教育部发表《校园欺凌受害者特征》研究报告为中小学反校园欺凌提供支持；2012 年，教育标准局发布《学校预防与消除校园欺凌策略》研究报告，内含《建设没有欺凌的学校》等一系列文本，旨在帮助中小学构建具有积极意义的校园文化以预防与消除校园欺凌；2013 年，教育部印发《预防与消除校园欺凌》，2014 年，连续印发《为被欺凌的儿童与青少年提供支持：给学校的建议》《网络欺凌：给校长和学校管理层的建议》及《网路欺凌：给父母及其他监护人的建议》，使得广大中小学校长和教师在制定和执行反学生欺凌政策时对学生欺凌的"特征"有准确的认识，进而有效预防和干预。信息技术课程的普及，让学生认识到欺凌者提供的"作品"是低级伪造的、修饰过的，帮助学生识别"错"和"诬陷"的不同，不让粗劣的视频和图片成为伤害学生身心的网络产品。同时，净化网络环境，教育学生善用"言论自由"，不能任意"弹幕""评论"或"点赞"，要尊重他人的名誉权、隐私权和姓名权等人格权益，尊重法律，维护人格尊严。

（三）为教师提供安全的干预学生欺凌的生态环境

"如何破坏和阻断欺凌的发生"是学校治理学生欺凌的关键问题，这也是关于欺凌研究中心从"行为层面"向"情境层面"转化的重要标志。学生欺凌屡禁不止，欺凌方式越来越多样和残忍，说明

---

① 张宝书：《英国中小学反校园欺凌政策探析》，《比较教育研究》2016 年第 11 期。

除了研究"欺凌者"和"被欺凌者"的个人特点是不够的，作为中介的"旁观者""校园气氛"和"物理环境"这些"情境"是欺凌"存活"的土壤。

学校作为学生安全的特殊责任主体需要承担更多责任，必须被赋予权责，发挥学校空间闭合的"内循环"优势，承担起防范化解学生欺凌的空间生态环境建设的义务。国内外多项考察学校生态环境与教师干预校园欺凌情境之间的关系的研究结果显示，教师与学校所在社区的合作、学校生态环境、教师与学校同事和领导者的关系、教师对于校园安全的看法以及教师在校园内的整体归属感等因素都会影响教师参与预防和主动干预校园欺凌情境的积极性。当教师们认为自己的同事有可能对某项校园欺凌情境采取主动干预行为，或是他们自身已经掌握了足够应对校园欺凌行为的有效技能和应对策略时，他们才会愿意采取进一步的应对行为。显见，教师接受频率比较高的高质量的有效的学生欺凌治理培训，同时又能够感受得到其他教师也是这样做的，并且能够在事中和事后都能够得到学校的支持，那么教师就足够的意愿去干预学生欺凌，否则就会无视或故意规避干预学生欺凌，成为旁观者和事实上的欺凌协助者，致使欺凌者有恃无恐。教师生活在一个安全而有支持力的工作环境中是他们敢于干预学生欺凌的保障。

三 引入社会力量协同治理学生欺凌

美国联邦及各州政府试图从立法层面明确社会各界对保护儿童在校安全的责任，2004 年联邦政府出台《安全无毒学校及社区法》（*Safe and Drug-Free Schools and Communities Act* 2004），将政府对学校安全的支持法律化。"科伦拜恩校园枪击案""道格拉斯中学枪击案"等校园暴力事件背后是众多的学生欺凌事件，以及无数的痛苦的"被欺凌者"和走向犯罪深渊的"欺凌者"和身心受到谴责的

"旁观者"。《新泽西州反欺凌法案》被称为"最具实效性的反欺凌法案"，2002 年初次颁布实施时，由于没有关注到反欺凌项目授权、校外欺凌及网络欺凌等问题，导致其效果没有完全凸显。2010 年出台的《新泽西州反欺凌法案》（New Jersey Anti-Bullying Bill of RightsAct 2010）连同 2012 年颁布《新泽西州反欺凌法修正案》被称为美国历史上最为严厉的反欺凌法案。

　　根据《新泽西州反欺凌法》的规定，"欺凌"是指"通过书面、口头、电子工具，或者是身体动作和姿势，造成对方身体或者精神上的伤害，或者财产上的损失，或者使对方陷入人身伤害或者财产损失的恐惧，或为对方创造了不友好的学习环境，或者实质上影响到学校的教学和管理秩序。"① 该法案对学校反欺凌权力以及职责都做出了较为具体的规定，操作性强，堪比反欺凌指导手册。② 该法对于新泽西教育部、各学区、学校等都有了更为具体的要求。法案要求对学校领导者、教职工、志愿者服务人员等与学生有接触的所有学校人员进行犯罪记录核查及职前或在职培训等，以使他们在处理校园欺凌问题时更专业；对于各类反欺凌人员的职责在法案中都有详细阐述，校园欺凌事件的报告程序也得到了显著的增强。

　　该法案明确了校园欺凌事件的处理流程及相关人员在其中的职责；对于未能履行其职责的人员，实施了校园欺凌行为的学生，法案都指出要予以严厉惩处。依据《新泽西州反欺凌法案》，学校为保障反欺凌工作有序展开积极引入社会力量协同防范学生欺凌。美国新泽西州在学校内设置了校园欺凌工作人员和队伍，包括反欺凌专家和学校安全小组，督学任命了学区"反欺凌协调员"辅助学校开展反欺

---

① 陈荣鹏等：《美国校园欺凌的法律规制及对我国的借鉴——以 2010 年〈新泽西州反欺凌法〉为研究视角》，《公安学刊》（浙江警察学院学报）2015 年第 6 期。
② 李灵：《美国新泽西州校园欺凌预防与干预措施研究》，硕士学位论文，辽宁师范大学，2019 年。

凌工作。由他们负责学校内的校园欺凌治理工作，并承担不同的责任和工作学校反欺凌工作队伍的组建，还能够给学生带来一种隐性的威慑和警示作用，使他们在准备或者正在实施校园欺凌行为时有所顾虑，这也从侧面减少校园欺凌行为的发生。

与此类似，在预防犯罪的教育方面，我国《预防未成年人犯罪法》规定，学校应当聘任从事法治教育的专职或者兼职教师，并可以根据条件聘请法治副校长、校外法治辅导员，加强"反欺凌"和法治教育，实现犯罪预防。

《新泽西州反欺凌法》中要求新泽西州教育部制定针对于父母执行反欺凌法的指导文件，《关于父母执行反欺凌法案的指导》就预防学生欺凌给予家长具体指导，预防校园欺凌问题上注重发挥家庭的辅助作用，指导家长从细节出发对学生的生活、学习、心理等方面进行关注和教育，并强调家长同学校、社区配合，协同预防学生欺凌。

我国《未成年人保护法》强调"家庭保护"，《预防未成年人犯罪法》也强调家庭在预防和矫正未成年人罪错行为中的责任，防范化解学生欺凌，家庭的参与和协同不可或缺。由教育部牵头，11部委联合印发的《加强中小学生欺凌综合治理方案》也体现了关于治理学生欺凌不仅仅是教育管理部门能够解决的问题的认识，提出"为建立健全防治中小学生欺凌综合治理长效机制，按照教育为先、预防为主、保护为要、法治为基的原则，健全预防、处置学生欺凌的工作体制和规章制度。"要求"定期开展排查，通过委托专业第三方机构或组织学校开展等方式，定期开展针对全体学生的防治学生欺凌专项调查，及时查找可能发生欺凌事件的苗头迹象或已经发生、正在发生的欺凌事件"，努力"把校园建设成最安全、最阳光的地方。"

中国应急管理学会发布的《中国校园欺凌调查报告2017》显示，中西部地区农村学校的学生欺凌行为发生率最高。《加强中小学生欺凌综合治理方案》明确了学生欺凌综合治理中，教育、综治、人民法院、人民检察院、公安、民政、司法、人力资源社会保障、共青团、妇联、残联 11 个部门和学校的职责，并强调要建立健全防治学生欺凌工作协调机制，形成多部门有效沟通、各负其责、齐抓共管的良好局面。要求针对不同情形的欺凌事件，有关部门要结合职能共同做好教育惩戒工作。情节轻微的一般欺凌事件，由学校对实施欺凌学生开展批评、教育；情节比较恶劣、对被欺凌学生身体和心理造成明显伤害的严重欺凌事件，学校在对实施欺凌学生开展批评、教育的同时，可请公安机关参与警示教育或对实施欺凌学生予以训诫；屡教不改或者情节恶劣的严重欺凌事件，必要时可将实施欺凌学生转送专门（工读）学校进行教育；涉及违反治安管理或者涉嫌犯罪的学生欺凌事件，处置以公安机关、人民法院、人民检察院为主。①

四　对有严重不良行为的未成年人进行专门教育

2020 年 8 月 8 日，《预防未成年人犯罪法修订草案》二审稿提请十三届全国人大常委会第二十一次会议审议。草案二审稿进一步明确了专门学校和专门教育的法律定位，这样就使"分级预防、分类矫正"原则得以落实。对于因不满 16 周岁不予刑事处罚的未成年人，我国刑法规定了收容教养制度，此次预防未成年人犯罪法修订草案二审稿中，不再使用"收容教养"这一概念，将有关措施纳入专门教育并予以改进完善。特别是"对有严重不良行为的未成年人进行专门教育"的规定使得"未成年做坏事没事儿"的想法破灭，同时也进一步维护了校园安全。送入专门学校学习的路径包括：对有严重不良行为的未成年人，未成年人的父母或者其他监护人、所在学校无力管教或者管教无效的，可以向专门教育指导委员会提出申请，经评估

---

① 教育部等十一部门联合印发《加强中小学生欺凌综合治理方案》_ 部门政务 _ 中国政府网 http：//www.gov.cn/xinwen/2017-12/28/content_ 5251115.htm

决定后送入专门学校接受专门教育；同时，公安机关在办理案件过程中发现未成年人有特定情形的，经专门教育指导委员会评估，可以决定将其送入专门学校接受专门教育。前者在现行的《预防未成年人犯罪法》中已经规定，但在实际操作中，由于学校和监护人的"不舍"与"放纵"很难落实，形同虚设。而"修订"中，授予公安机关对严重不良行为学生送专门学校的"权力"，能够使这一规定落到实处、产生实效。将有严重不良行为、学校和家庭无力教育和监管的未成年人送到专门学校不是社会对他们的抛弃，而是"分类教育、分级矫正"的积极措施，为此，"专门学校"的建设就成为必须关注的问题。草案二审稿明确，省级人民政府应当将专门学校建设纳入经济社会发展总体规划。县级以上地方人民政府成立专门教育指导委员会，根据需要合理设置专门学校。"专门学校"不仅仅发挥一般"教育"职能的学校，更是矫治和预防犯罪的专门机构，"专门学校"教育作为一个新制度，应比原来的收容教养制度范围更宽，把惩戒、矫治、教养内容纳入进来，是对有严重不良行为未成年人的威慑、教育和惩戒、矫正的措施。

五　比较与借鉴

依据我国教育部等 11 部委引发的《加强中小学生欺凌综合治理方案》关于"学生欺凌"的界定，"中小学生欺凌"是发生在校园（包括中小学校和中等职业学校）内外、学生之间，一方（个体或群体）单次或多次蓄意或恶意通过肢体、语言及网络等手段实施欺负、侮辱，造成另一方（个体或群体）身体伤害、财产损失或精神损害等的事件。① 这一定义比较清晰地区分了"学生欺凌"与"学生间

---

① 教育部等十一部门联合印发《加强中小学生欺凌综合治理方案》＿部门政务＿中国政府网 http：//www.gov.cn/xinwen/2017-12/28/content＿5251115.htm

嬉笑打闹"的界限。与其他国家关于"学生欺凌"的定义和构成要件基本契合。

"美国密歇根州中小学教师反欺凌计划"实施的主要意义在于关注了"旁观者"在学生欺凌中的作用。不仅仅停留在对"欺凌者"和"被欺凌者"个人特质的分析，开始对"情境"进行剖析，为治理学生欺凌提供了可操行的制度路径。计划实施结果表明，教师作为欺凌情境中的重要旁观者，教师群体的态度和行为通过其打破欺凌情境的功能的发挥，成为破解与抑制学生欺凌事件的突破点。当学生欺凌事件发生时，处于旁观者角色的教师群体若能站在被害欺凌者一方或主动出面干预或阻止欺凌者的行为，可以实现"停止伤害""排除妨碍""消除危险"的效果，有效地阻止或化解学生欺凌，即利用旁观者的正向角色功能可以有效降低学生欺凌事件的发生频率和危害程度。

有必要从中小学生欺凌的后果和形式两个维度对学生欺凌的范围进行进一步的厘清。学生欺凌的概念界定越来越集中在构成要件上，即学生因受到有一定关系者在心理和物理上的攻击而产生精神痛苦的事件。这里的行为人"攻击"和受害人"痛苦"，是欺凌行为认定的核心标准。依据《民法典》"人格权编"对具体人格权的列举，学生欺凌的后果实质上是对受害人人格权益的毁损。以法治思维界定校园欺凌行为的构成要件，确定校园欺凌的边界；从情境的角度分析欺凌发生的情境，从"旁观者"的角度分析教师和学校作为特殊责任主体的作为和责任，为"制止欺凌意见"中关于对"旁观者"追责提供依据；从侵权责任方式的讨论中寻找刑法所不能及的与"教育与保护未成年人"相适应民事责任方式，为学校制定惩戒制度提供依据，为教师教育惩戒提供适用"准绳"。我国还缺乏对教师进行的专项学生欺凌预防和干预培训项目，更重要的是还没有明确教师教育惩戒的合法性，教师群体的群体行为认同和职业安全感还没有形成，干预学生欺凌的同理心和效能感还有待提高。十九届四中全会首次将"法治思维"与"应对风险"结合起来，就为学校空间内的"领导者"校长和教师提出了以法治思维和法治方式防范化解校园欺凌风险。运用风险管理的过程框架，从源头治理、依法治理的角度惩戒欺凌者、教育旁观者、保护被欺凌者，通过制度建设，提供有效的政策和措施。

本章小结

困境儿童人格权益遭遇侵犯是世界性的问题。各国政府都意识到"困境儿童"不同于一般儿童，他们的困境主要来自于家庭支持力的不足。所以各国都在通过制定"儿童法"来保护儿童的人格利益，在国家监护、反报道请求权及隐私保护方面做出努力。英国前后跨越100年的《儿童法》成为当前世界各国儿童健康权保障的法律摹本，为各国通过扶持家庭进而救助困境儿童的举措奠定了基础。美国通过制定和执行严格的惩戒家庭虐待规范，设立有效的替代性监护机构，使得剥夺父母监护资格的措施具有了现实的约束力。日本通过法制授权国家介入家庭，保护遭遇监护侵害的困境儿童利益。我国2015年1月实施的由最高人民法院、最高人民检察院、公安部、民政部联合出台的《关于依法处理监护人侵害未成年人权益行为若干问题的意见》就凸显了国家对困境儿童保护的责任，指出"处理监护侵害行为，应当遵循未成年人最大利益原则，充分考虑未成年人身心特点和人格尊严，给予未成年人特殊、优先保护。"日本在年轻一代性心理成熟早的现实面前，制定有关处罚儿童性交易、儿童色情等行为及保护儿童等的法律，为儿童搭建起防护通道，为其他国家提供了积极的经验。

　　对困境儿童名誉权和隐私权的关注成为各国立法的重要内容。向信任的人公开不影响保密意愿，因为信任的交流仍然存在反对不信任的第三方获悉的意愿。联合国儿童基金会为遏止儿童报道中的侵权行为，更新了《涉及儿童的新闻报道伦理原则》，关注因"困境"而进入媒体视野的儿童，特别是那些可能因为在媒体报道中被公开身份而面临身体伤害、精神痛苦或社会歧视的儿童，特别是遭遇性虐待的儿童。根据 2011 年 1 月生效的德国《青少年媒介保护国家条约》指出，提供网络内容需对其内容进行年龄等级划分并且要作出标记，而后父母针对软件再决定是否进行筛选。德国媒体行业协会具体负责制定网络内容分级制度，将网络内容划分为三个年龄级别（可浏览）：大于 6 岁、12 岁、16 岁或 18 岁，对包括我国在内的世界各国控制网络环境下的侵犯儿童人格利益行为的罪责提供了启示。我国《民法典》总则第 111 条规定"自然人的个人信息受法律保护。任何需要取得他人个人信息的组织或者个人，应当依法取得并保证信息的安全，不得非法收集、使用、处理和传播他人的个人信息，不得非法交易、提供或者泄露他人的个人信息。"明确了信息权不容侵犯，性隐私及儿童性侵害的相关信息包含其中。

　　学校是儿童生存的重要空间，在这个本该最安全的地方"欺凌"成为最不和谐的音符。"校园欺凌"在我国被规范称呼为"学生欺凌"，明确了行为主体和空间限度，主要指发生在学校内的学生之间的欺负，与校园暴力既相联系又有严格的区别。著名社会心理学家埃利奥特·阿伦森（Elliot Aronson）的《不让一个孩子生恨——科伦拜恩案之后的同情之教》（Nobody Left to Hate：Teaching Compassion after Columbine）分析了两名高中生暴徒的暴力源泉来源于对长期遭受奚落、排挤和欺凌而产生的愤怒。因此，阿伦森主张通过在建设包容性课堂，运用拆拼法组织学生合作学习，增进彼此的了解，进而产生基于理解的共情和同情，降低校园欺凌风险。《不让一个孩子生恨——科伦拜恩案之后的同情之教》这本书中文版的名字被修改为《不让一个孩子受伤害——校园欺凌与暴力的根源干预》,① 特别强调了"根源干预",显见译者认识到通过减少学校竞争性的学业考核、等级划分，以及教师均衡地分配对学生的爱和关怀等举措是遏止"学生欺凌"的"根源干预"。而"行为发生"和"根源干预"之间，不能缺乏关键的中间环节，也就是一些被阿伦森称为"泵柄解决方案"，即虽然是针对特定问题提出的，但又不了解问题根源的解决方案，而这些方案是可以从"外围"斩断欺凌行为的，法治方式就是这样。

---

① 黄向阳，（美）埃利奥特·阿伦森:《不让一个孩子受伤害——校园欺凌与暴力的根源干预》,《教育研究》2019 年第 12 期。

第四章　困境儿童人格权益的保护路径

　　人格独立观念的兴起打破了人身依附关系。包括父母子女之间的人格都是独立的，没有人可以凌驾于另一方的人格之上。基于人格独立的观念，所以才有围绕"人格尊严"受到侵害的人格权问题。联合国《儿童权利公约》第24条规定"儿童有权享有可达到的最高标准的健康"；第27条规定"每个儿童均有权享有足以促进其生理、心理、精神、道德和社会发展的生活水平"。为实现这一目标，该公约第28、29条规定"儿童有受教育的权利；学校执行纪律的方式应符合儿童的人格尊严，教育应本着谅解、和平和宽容的精神培育儿童"。

　　人格权的确认是由民法来完成的，保护的对象既包括法定的人格权，也包括权利外的人格法益。罗马法关于权利被侵害的救济体制，采用的是"原权—诉权"的二元模式，但民事权利受到侵害，法律赋予受害人的权利就是寻求国家采取公力救济的措施，即"可诉性"成为了罗马法上的私权的基本特征。德国民法典通过物权请求权制度，确立了作为救济权的请求权概念，形成了"原权—救济请求权—诉权"的三元救济模式。我国通过《侵权责任法》将侵害人格权的行为确认为侵权行为的方式，要求侵权人承担损害赔偿的民事责任，其第 15 条规定：依据具体案件情况，要求加害人承担停止侵害、排除妨害、消除危险、恢复原状、赔礼道歉、消除影响、恢复名誉的责任方式；造成财产损害的，依据该法第 20 条，承担金钱损害赔偿责任；造成精神损害的，依据该法第 22 条承担精神损害赔偿责任。但是以损害赔偿为主要形式的侵权请求发生在人格权益毁损之后，很难恢复原状。

困境儿童人格权益侵害中的行为常常表现为"越轨"而没有达到"可诉"的程度，"人格权请求权"可以作为侵权请求权的补充，采取消除损害源的方法，对困境儿童人格利益发挥最直接的保护，既减少了诉讼的繁琐，也能够顾及到"亲子关系""师生关系""同学关系"等困境儿童生活环境的恢复，缩小困境儿童受损人格权益的恢复原状的难度，更要体现民法的预防损害功能，以避免加害困境儿童的行为再次发生。

第一节　困境儿童人格权益的冲突与协调

《民法典》"总则"第 35 条第 1 款规定："监护人应当按照最有利于被监护人的原则履行监护职责。"第 2 款规定"未成年人的监护人履行监护职责，在作出与被监护人利益有关的决定时，应当根据被监护人的年龄和智力状况，尊重被监护人的真实意愿。"人格权冲突是指"人格权主体在行使人格权时，与其他民事主体享有的权利发生的对抗和矛盾，两个权利的实现不能并存的民法现象。"① 在家庭关系中，个人人格与家庭身份的对峙导致父母子女之间的冲突难以避免，"清官难断家务事"反映了法律在面临"家事"时的困顿，所以

---

① 杨立新：《人格权法》，法律出版社 2015 年版，第 49 页。

"真实善意"就成为衡量儿童人格权益是否需要"克减"的标准。正如弗里曼所言："在寻求儿童权利的进程中，我们必须承认儿童的尊严和他的决定能力，但是同时也要注意到完全自由的危险"。① 第779条规定："认定行为人承担侵害人格权的民事责任，应当考虑下列因素：（一）人格权的类型；（二）行为人和受害人的职业、社会身份、影响范围等；（三）行为的目的、方式、地点、时间、后果等具体情节。行为人为维护公序良俗实施新闻报道、舆论监督等行为的，可以在必要范围内合理使用民事主体的姓名、名称、肖像、隐私、个人信息等。"我们可以通过梳理人格权和身份权的发展探讨作为子女或学生的儿童的身份权与人格权冲突的原因与本质，并借助权利冲突理论，为解决困境儿童的名誉权、隐私权与父母、教师、大众的知情权的冲突寻找理论依据。由于儿童幼弱性的特点和在家庭和学校中的受保护地位，个人人格常与其家庭身份、学校身份发生冲突，而两者冲突中，儿童常被定位于"可容忍"的位置。但同时，在"爱之深，责之切"传统观念的遮蔽下，虐待、侵犯隐私和名誉被合理化，困境儿童因此失去了受到救助的机会。为此，本书在这里从法律层面上明确儿童人格权冲突的常态，以识别和区分"变态"。

一　儿童生命健康权与父母惩戒权的冲突与协调

《民法典》第1002条规定"自然人享有生命权。自然人的生命安全和生命尊严受法律保护。任何组织或者个人不得侵害他人的生命权"；第1004条规定"自然人享有健康权。自然人的身心健康受法律保护。任何组织或者个人不得侵害他人的健康权。"

健康权包括享有权、维护权和支配权。健康权所具有的支配性很

---

① 宫秀丽：《从受保护权利到自主权利—西方儿童权利研究的理念与实践》，《青少年犯罪问题》2016年第2期。

大程度上体现为健康维护权，即权利人有权采取各种合法的手段维护自身的健康并排除他人侵害的权利。一方面，在发生损害健康权的危险的情况下，权利人可以主张消除危险，采取各种合法手段预防各种损害的发生。① 渊源于罗马法和日耳曼法的"亲权"，是一种身份权，体现了父母对子女的一种排他性权力。"子女未成年者，应服从父及母的亲权"，成为大陆法系国家教养保护儿童的重要民事制度。罗马法中父权体现着对儿童的支配权力。这种支配权是绝对的，"家长"可以对包括子女身体在内的事务进行处理，拥有任意权力，而不会受到法律的追究。当下，在一些缺乏法律意识的家庭中，父母对孩子的"管教"也常常体现为任意伤害孩子的身体，而认为"孩子是我生的，我怎样对待他都可以"。

随着时代的进步，大陆法系国家的现代法中，亲权不再是一种单纯的权力，而是权力与责任相统一的亲权。1980 年《德国民法典》将亲权改称为"父母照顾"，进一步体现了父母与子女间以养育和扶持为主要内容的伦理和法律关系。侵害健康权的行为既包括直接针对受害人的身体实施的侵害行为，也包括间接地针对身体健康实施的侵害行为。从实践来看，侵害健康权的典型形态有：从事殴打等人身伤害行为，此时行为人不仅侵害了他人的健康，而且还有可能构成故意伤害罪；其他非直接非暴力的行为侵害他人的健康权，例如因家庭装修环境污染、给儿童食（服）用过期食品、药品等产品质量缺陷等损害儿童的健康权。

（一）"管束"是教育的重要方式之一

人身自由权从狭义上理解就是一种身体活动的自由，对人身自由权的侵犯就涉及对身体的非法拘禁和限制。但身体权与人身自由权是不同的：一方面，身体权是指主体对其身体所享有的安全性和完整性

---

① 徐国栋：《绿色民法典草案》，社会科学文献出版社 2010 年版，第 84 页。

的权利，而人身自由权保护的是主体的人身活动自由、行为自由，人身自由权是对身体活动自由状态的保护。身体权属于物质性人格权，而人身自由权则属于精神性人格权。尤其应当看到，两者在侵害方式上是不同的，侵害身体权主要是通过殴打、采用暴力手段非法搜查他人身体；而侵害人身自由主要体现为通过非法拘禁等方式非法限制他人的身体活动自由。英国哲学家、教育家约翰·洛克（John Locke）曾指出："尽管儿童应该享有平等，但他们并非出生于这种（自然自由）完全平等的状态。儿童出生到这个世界上时，便受其父母的某种统治和管教权力的支配。"① 德国哲学家、教育家约翰·弗里德里希·赫尔巴特（Johann Friedrich Herbart）作为传统教育学派代表人物，他认为儿童是不可信的，他从心理学的角度分析儿童的成长，建立在"统觉团"② 基础上的儿童认知，被认为是"不成熟的""需要指引的"。同时，在他看来，儿童是"执拗的"，需要父母和教师对其监视和体罚，而体罚是有效的教育手段。当儿童从家庭走入学校，父母通常将"惩戒权"赋予教师，"请对我的孩子严格要求，不听话您就打他"的"赋权"，又衍生出教师惩戒的问题。

（二）"引领"是父母的责任

美国社会学家彼得·布劳（Blau P. M.）在《社会生活中的交换与权力》中认为权力是"个人或群体将其意志强加于其他人的能力，尽管有反抗，这些个人或群体也可以通过威慑这样做。"③ "亲权"

① ［美］穆瑞·罗斯巴德：《自由的伦理》，吕炳斌等译，复旦大学出版社2008年版，第160页。
② 学习统觉团说（apperceptive mass theory of Learning）是赫尔巴特发展的一种学习理论。当一个观念在意识中出现，并且被同化到原有的观念系统中去时，便产生统觉。统觉即新旧观念结合的过程，统觉团即新旧观念的结合体。学生的学习就是过去经验形成的统觉团吸收有关的新观念、新知识，从而形成新的统觉团。林崇德：《心理学大辞典（上卷）》，上海教育出版社2003年版。
③ ［美］彼德·布劳：《社会生活中的交换与权力》，张非等译，华夏出版社1987年版，第35页。

或"父母照顾"都是一种责任，因而也必须具有"权力"的特征，它体现着父母作为监护人的支配力量，而这种支配力量正是父母在教育和引导子女时所体现出来的。儿童在成长和社会化的过程中，需要父母的指引。针对子女的错误选择和行为，父母有规劝和惩戒的权利，这也是父母履行监护义务的权利基础。《儿童权利公约》试图通过一系列原则来平衡儿童权利与成人权利之间的冲突，如尊重儿童原则、儿童最大利益原则。尊重儿童就意味着承认儿童与成人在地位上是平等的，但是公约条款中提及父母权利却总是涉及到儿童保护，引导儿童实践权利，"根据儿童发展着的能力"引导儿童实践思想、道德、宗教自由的权利。《公约》第 3 条第 2 款要求政府"确保儿童得到对其健康成长所必要的保护和照料，将父母的权利和责任考虑在内"；条款 5 要求"尊重父母的责任、权利和义务……根据儿童发展着的能力为其提供当前公约所承认的儿童权利实践的适当引导"；《公约》第 14 条第 2 款规定"尊重父母根据儿童发展着的能力在儿童实践思想、道德、宗教自由权利方面为其提供指导的权利和义务"。但是惩戒一定要遵循"儿童最大利益原则""比例原则"和"教育与保护相结合的原则"，不违背以保护和教养儿童为最终目的。

二 儿童的名誉权与公民言论自由权的冲突

"名誉权是由民事法律规定的民事主体所享有的获得和维持对其名誉进行客观公正评价的一种人格权利。"[1] 杨立新将名誉权人与名誉的关系表述为保有、维护、支配[2]。名誉权的客体首先是一种人格利益，它是一种客观的、良好的社会评价。

名誉权与隐私权的关系非常密切，在困境儿童的人格侵权行为中

---

① 张新宝：《名誉权的法律保护》，中国政法大学出版社 1997 年版，第 29 页。
② 杨立新：《人格权法》，法律出版社 2015 年版，第 219 页。

尤其如此。因为侵害隐私权常常也会导致受害人的社会评价降低，使受害人的名誉受到侵害。最高人民法院《民通意见》第140条规定："以书面、口头等形式宣扬他人的隐私，或者捏造事实公然丑化他人人格，以及用侮辱、诽谤等方式损害他人名誉，造成一定影响的，应当认定为侵害公民名誉权的行为"。新闻批评权与受批评人的人格权的冲突，就反映了社会利益与个人的人格利益的冲突，比如，对农民工群体对城市社会治安的影响，就会对农民工及其子女的名誉产生影响。对于儿童的采访，仅仅因为"真实"就可以对侵犯名誉免责，显然是不适切的。原因在于儿童是在不断发展中的，所以，在司法中儿童的案件也是不公开审理的。有自媒体制作发表的权利但是要在维护他人名誉权的基础之上。儿童的"不利身份信息"不公开是隐私权绝对权属性的体现，一旦公开就会导致儿童的社会评价降低。多数国家在儿童权利保护法中明确规定，儿童刑事案件不公开审理，不得公开儿童犯罪及其它违法的身份信息。我国《未成年人保护法》第58条规定："对未成年人犯罪案件、新闻报道、影视节目、公开出版物、网络等不得披露该未成年人的姓名、住所、照片、图像以及可能推断出该未成年人的资料。我国《预防未成年人犯罪法》也有与此几乎相同的明文规定，以维护儿童的特别隐私权。当儿童作为"受害人"时，其不幸的遭遇也不得被可识别身份的公开。在众多的监护侵害案件中，主要受害者是女童，性侵害成为她们遭遇的重大伤害，对这些经历的回忆是不人道的"二次伤害"。更严重地是，身份信息一旦泄露，可能会使她们陷入无端的歧视和排斥，影响她们未来的婚恋，因此，这些经历属于绝对权性质的隐私和名誉就紧密相连，不容任何形式的支配和利用。

三　儿童隐私权与监护人知情权的冲突与协调

"在我国历史上没有隐私生存的文化基础，认为'隐'的东西就是不愿示人的阴暗事情。"① 1986 年《民法通则》对公民的具体人格权进行了直接保护的规定，但对于"隐私权"采取了间接保护的形式。正式确认隐私权为公民的具体人格权之一，是在 30 年后的《民法总则》中。在发生冲突的人格权中，冲突的是人格利益。隐私权是一种与公共利益无关的人格权，这包含着对个人的私人信息和私人活动的支配和控制的权利，未成年人是未满 18 岁的公民，与成年人一样享有隐私权，就应该受法律保护。《民通意见》第 140 条规定："以书面、口头等形式宣扬他人的隐私，或者捏造事实公然丑化他人人格，以及用侮辱、诽谤等方式损害他人名誉，造成一定影响的，应当认定为侵害公民名誉权的行为"，这一规定同样适用于监护人和儿童。

（一）"瞒"的利益和"知"的利益的冲突

在隐私权和知情权之间发生的冲突，是隐私"瞒"的利益和"知"的利益的冲突。高维俭等学者强调隐私权实现的社会基础和价值目的，将隐私权的概念界定为："基于一定社会的生活及文化状况，为了保护公民个人生活与发展的正常进行，法律赋予公民对其某些个人信息予以不公开的权利。隐私的不公开意味着其排斥特定关系人以外的公众知悉有碍于该权利人个人生活与发展正常进行的个人信息，但通常并不排斥该权利人的特定关系人知悉其相关个人信息，如未成年人的监护人等"。② 《未成年人保护法》中规定了未成年人拥有隐私权。即使是父母不能随意查阅儿童的日记、信件及电子邮件。2017 年 3 月通过的《民法总则》将"无民事行为能力"的未成年人的年龄下调到 8 周岁，未成年人生理心理的成熟程度和认知能力都有

---

① 张鸿霞等：《网络环境下隐私权的法律保护研究》，中国政法大学出版社 2013 年版，第 11 页。

② 高维俭等：《论少年特别隐私权——一项源于刑事法领域的拓展研究》，《贵州民族大学学报》2015 年第 3 期。

所提高，适当降低年龄有利于其从事与其年龄、智力相适应的民事活动，更好地尊重这一部分未成年人的自主意识，保护其合法权益。这意味着 8 周岁以上的未成年人的父母无权对其信件、日记、电子邮件代为开拆、查阅。那么，在学校遭遇欺凌、成绩落后、沉迷网络、不良社交网站交友等儿童隐私是否父母也不能知情？显然是不合适的。衡量包括儿童隐私权在内的儿童人格权的限度，需要从"真实善意"的角度出发，以促进发展健康成长为目的。

（二）了解孩子是权力也是责任

儿童隐私权和父母知情权的冲突也是建立儿童受保护权与自主权冲突之上的。无论是 8 周岁以下的作为"无民事行为能力人"的儿童，还是 8—18 周岁之间的作为"限制民事行为能力人"的儿童，都需要父母的家庭监护和教师的学校教育管理。父母和教师有对学生信息的知情权。关键的问题是作为儿童重要他人的父母和教师能够为"有秘密"的儿童保守"秘密"。卡尔·罗杰斯（Carl Ransom Rogers）将儿童权利分为受抚养权与自主权。儿童因受抚养权可以获得适当住房权、免于受虐待权及获得充足营养等权利。受抚养权要求国家或家庭为儿童提供各种所需，而且是由社会决定什么是对儿童有益的或者是可接受的，而不是儿童自己寻求权利。儿童无法独立生活，无法自己养活和保护自己，需要有人供养他们，这就需要监护人了解儿童的需求和喜好，包括身体上的和精神上的，这就会涉及到儿童的隐私领域。父母作为自己孩子的监护人，有保护其身心健康，保障其合法权益的法定义务，对其成长过程负有引导有益身心健康的责任。父母为了更好地教育、保护未成年人，对其隐私进行必要的干涉是应该的，也是法律允许的，但不能披露，造成扩大负面影响，否则也要承担法律责任，这毕竟干涉了未成年人的隐私。如果法律对父母干涉子女的隐私加以过度限制，会不利于对子女的教育，也不利于保护其合法权益。但是，父母也不要过分强调孩子的隐私权，若因客观或主观的原因，对孩子疏于管教，使孩子荒废学业、走向歧途，成为家庭和社会的"包袱"，那么其监护人就是严重失职，要承担法律责任。当孩子的隐私权遭遇父母的监护权时，儿童的隐私权就可以"克减"。处境不利儿童的父母更不能以"不打听孩子隐私"为借口，为"监护不力"免责。

第二节　困境儿童人格权益保护的正义追求

"同态复仇"是最典型的报应性正义。面对困境儿童人格权益冲突的特殊性，有效地减少对困境儿童人格权益的毁损，既对侵害行为进行惩处，又能够最小地伤害当事人间的感情，为困境儿童日后的生活最大限度的提供空间，需要关注报应性正义之上的恢复性正义（Restorative Just）。对犯罪的正确反应不是报应和惩罚，而是恢复因犯罪而造成的各种伤害。"恢复性司法"是西方国家刑事司法改革运用的重要内容之一，我国学者引入时译为"修复性正义"来分析学校中各种违纪行为的处理。① 法律工作不一定都要"诉讼"和"宣判"，如果通过"调节"可以解决，不用惩罚，这并不挑战法律的权威性。对困境儿童人格"侵权"案件中，不仅要依据法律规定即侵权法的厘清责任的导向，还要将当事双方具体的冲突放置在抽象的纪律原则之下来审判，承认困境儿童本人及其他利益相关者共同解决这一违规违纪行为的能力。法律的目的不仅仅是为了惩罚，而更重要的是恢复原貌，是为了修复被破坏了的关系，包括亲子关系、师生关系、同学关系。

---

① 班建武：《修复性正义：处理学生违纪行为的教育维度》，《中国德育》2017年第9期。.

一　恢复性正义对传统制裁手段的有效弥补

困境儿童人格权益救济方式常常陷入"两难境地"，如父母监护权被剥夺后儿童的生命健康状况并没有得到事实上的改善，通过报应和矫治模式进行的"刑罚"没能遏制对困境儿童名誉权、隐私权的持续危害。相反，"诉"后的困境儿童似乎成为"损害"家庭和谐、校园和谐的"加害者"。恢复性正义理念在司法中主张设置"责令补救""限期治理"等非刑罚处置措施，使纠纷双方可以通过协商机制达成损害赔偿及关系修复，使对侵权行为的处理及反应更有弹性，既能够提高司法效率，又能够防止关系恶化升级。

当困境儿童的生命健康、名誉、隐私等人格权益被侵害时，人们首先想到的是：侵害人触犯了法律的哪些规定？侵害人应该受到什么样的惩罚？法律惩罚是遵循一种报应性正义的原则。"罪"的概念，最初就是"以彼之道，还于彼身"。但是，侵犯困境儿童人格权的通常是他们"亲近的人"——父母、教师或者同学。如果仅仅强调对损害行为人的惩罚，"惩罚后"的人际关系就会再次困扰儿童。所以，在处理困境儿童人格权益保护问题时，不能以行为人对儿童造成的伤害作为唯一标准，还要关注儿童的生存环境。

恢复性司法是在教育、保护政策思潮下的产物，着重于研究犯罪后的法律效果，以节省社会成本及符合法治国家原则；认为不论危害造成的结果如何，仍终究必须回到刑法损害恢复的理论基础，透过加害者、被害人之间的调解所逐步建立起修复正义的实现，德国学者称之为"刑法之第三元"（Die Neue Dritte Spur）。[1] 古罗马《法学阶梯》中将"正义"定义为："给予每一个人他应得部分的持久永恒的

---

[1]　陈冉：《论恢复性正义在环境犯罪治理中的功效——兼议传统刑罚理念的有限性》，《江苏警官学院学报》2012 年第 2 期。

愿望"，即"诚实地生活、勿伤他人、给予每个人应得部分"。

为了维护正义，刑罚成为社会防卫的必要手段，传统的刑罚理念缺乏"正面预防"的内容。"正面预防"指的是刑罚的制裁对未违反规范的社会大众有鼓励作用，对违法行为的制裁所传送的信息是，"不触犯法律规范是唯一正确的抉择"。运用减免"行为人罪责"的方式，防止权益受到侵害，以防有些人畏惧损害行为被发现而实施更为严重的其他犯罪，比如虐待儿童怕被制裁，而将儿童致死。"正面预防"可以减少犯罪所产生的危害后果。

"恢复性司法"通过构建多方参与、相互尊重的沟通平台，以受害者的控诉及其他参与者的谴责、规劝等形成浓厚的"道德审判"氛围，以强化犯罪人的悔罪心理。采取恢复性司法，根据恢复需要选择处罚方法，对犯罪人的矫正起到根本作用。为解决传统刑事责任形式无法应对环境犯罪的困境，国外很早进行了创设专门的非刑罚措施的尝试，主要有3种做法：一是限制特定行为，如禁止使用有害于环境的设备或装置；二是销毁犯罪条件，如销毁有害于环境的机器；三是义务性措施，如重建被损害的环境。我国现行立法中有一些条款与恢复性司法理念相契合，如《刑法》第37条关于非刑罚处罚措施的规定。虽然我国刑法总则以一个专门的条文作了规定，但其适用范围仅限于犯罪情节轻微不需要判处刑罚的情形，适用种类仅限于训诫、责令具结悔过、赔礼道歉、赔偿损失、行政处罚和行政处分。惩罚本身并不能自动实现这一修复功能。而且，如果惩罚实施不当，有时候非但不能修复被破坏的社会关系，反而容易引发代际敌视，从而导致家庭和校园侵害行为的出现。报应性正义由于讲究"罪责相当"，其正义性主要体现在对违纪者的恰当惩罚之上。因为受侵害的儿童还是要回到家庭中和学校里，还要与接受了惩罚的"侵害人"共处。过于聚焦"侵害人"的过错，剥夺其监护权、撤销教师职务、开除或记过学生，这样的"罪责相当"容易导致"侵害人"被标签化和污名化，使得困境儿童的处境更加"被动"，被其他人疏离。

二　"谅解"成为侵害修复的手段

按照"恢复性司法"理论，过于强调犯罪人犯罪行为和行为主体的恶，会让事情变得更为糟糕，不仅不利于社会的发展，更不利于犯罪人继续回归或融入社会。传统的惩罚方式让矛盾激化，对问题的解决毫无益处。基于"传统惩罚正义"，"刑罚"被解读为一种自然和本质上的恶，是对恶行的自然回应。在反省"传统惩罚正义"的基础上，"恢复性正义"从更人性和更宽恕的视角，对惩罚作了新的诠释。

约翰·布雷思韦特（John Braithwaite）认为，为了让被破坏的社会关系尽快恢复到良好状态，惩罚就应该在一个协调的环境中进行，这样才能更有利于社会关系的修复。① "恢复性司法"所提倡的惩罚方式是一种以宽恕和爱为基础的羞耻性惩罚，这与惩罚正义所追求的刑罚应当在质与量上与犯罪保持相对应的关系，而具有较大的差异。而且，"恢复性司法"从解决问题的角度出发，认为家庭是最为有效的社会控制机构。"重整性羞耻"提倡一种有利于社会关系恢复的有效方式，亦即透过宽恕的言语、动作或者消除犯罪人之越轨身份的仪式，努力将犯罪人重新整合到守法公民或体面公民的社群中。② 从社会关系的弥合及良好社会秩序的恢复来看，这种"就地处理"的方式确有其优势所在。如果"惩罚正义"是以惩罚和报应作为正义的基石，"矫治正义"以预防和功效作为正义考虑的基础，那么"恢复

---

① ［澳］约翰·布雷思韦特：《犯罪、羞耻与重整》，王平等译，中国人民公安大学出版社 2014 年版，第 186 页。

② ［澳］约翰·布雷思韦特：《犯罪、羞耻与重整》，王平等译，中国人民公安大学出版社 2014 年版，第 67—70 页。

性正义"则是以宽恕作为其诠释正义内涵的情感和道德基础。"恢复性正义"认为，对于犯罪所带来的破坏，应当以最小的代价以及最合适的方式，让被破坏的社会关系得到迅速修复，透过一种重整性的羞耻让犯罪人得到教化。

民法人格权益保护致力于侵害修复，而不仅仅是对"侵害者"的惩罚。与报应性正义一样，恢复性正义同样重视对侵害行为的责任追究，通过"停止侵害、恢复名誉、赔礼道歉、损害赔偿"等侵权责任的认定来补偿，同时更重视通过"恢复名誉、消除影响"等方式修复各种损害，保护人格尊严。

《儿童权利公约》强调原生家庭是儿童生长的最好环境。各国在制定"剥夺监护人资格"的相关规定后，一定设置"监护资格恢复"的标准，其根本目的在于希望监护人可以改过迁善，使得儿童可以回归原生家庭。而对名誉权、隐私权的保护也是为了儿童可以回归学校和正常的社会生活。所以，侵害人的"不再犯"比"受惩罚"更重要，前文提到的社会心理学家、犯罪学家赫兹（Travis Hirschi）的"社会控制理论"（social control theory）就证明了防控犯罪或防止再次出现侵害行为的最好办法就是增加行为人的"社会依恋"，即加强依恋、深化参与、投入奉献。因此，"谅解"是儿童人格权益保护的补充方式之一。"恢复性正义"对强调移情等情感在纠纷解决中的重要作用，主要强调修复伤害、解决问题和关系和解。

三 中小学生欺凌中的法律责任

困境儿童人格权益的被侵害还有一个重要的形式就是学生欺凌，即"中小学生欺凌是发生在校园（包括中小学校和中等职业学校）内外、学生之间，一方（个体或群体）单次或多次蓄意或恶意通过肢体、语言及网络等手段实施欺负、侮辱，造成另一方（个体或群体）身体伤害、财产损失或精神损害等的事件。"① 学生欺凌的后果实质是对受害人人格权益的毁损。恶意通过肢体、语言及网络等手段侵犯受害人的生命健康权、名誉权、隐私权、姓名权、荣誉权等人格权，侵犯受害人的人身自由和人格尊严。《民法典》"人格权编"第1003 条规定"自然人享有身体权。自然人的身体完整和行动自由受法律保护。任何组织或者个人不得侵害他人的身体权。"第1011 条规定"以非法拘禁等方式剥夺、限制他人的行动自由，或者非法搜查他人身体的，受害人有权依法请求行为人承担民事责任。"学生之间限制人身自由、殴打、伤害其身体等行为严重侵犯了学生作为自然人的身体权。学生欺凌与玩笑打闹性质的根本区别是"侵权"，作为侵权行为的"学生欺凌"构成要件有 4 个，即侵权行为、损害事实、因果关系和过错。由于中小学生是未成年人，学生欺凌行为的侵权责任承担分为欺凌行为人的责任、监护人的责任以及学校的责任。监护人和学校作为学生欺凌行为的特殊责任主体，承担必要的民事责任。监护人未尽到监护责任的承担替代责任，学校未尽管理职责的应当承担相应的补充责任。②

　　未满 14 周岁的欺凌者由于不到刑事责任年龄，其承担的欺凌后果责任很轻，再次欺凌的比例也比较高，这一年龄段的欺凌治理成为司法和学校惩戒的"头痛"问题。2016 年 12 月，最高人民检察院召开"依法履行检察职能，积极参与防治中小学生欺凌和暴力"为主题的新闻发布会，提出对已满 14 周岁不满 16 周岁的学生使用轻微暴力或者威胁，强行索要其他学生随身携带的生活、学习用品或者钱财

---

　　① 教育部等十一部门关于印发《加强中小学生欺凌综合治理方案》的通知-中华人民共和国教育部政府门户网站 http：//www. moe. gov. cn/srcsite/A11/moe_ 1789/201712/t20171226_ 322701. html

　　② 杨立新等：《校园欺凌行为的侵权责任研究》，《福建论坛·人文社会科学版》2013 年第 8 期。

数量不大且未造成一定危害后果的，不认为是犯罪。但对实施严重危害社会行为，未达到刑事责任年龄的未成年人，应会同公安机关责令其监护人严加管教，必要时交由政府收容教养。面对惩罚"过重"与"过轻"的两种取向，有学者提出"中间性惩罚"的法律责任。①身体受到侵犯和伤害、被欺凌画面被上传媒体、侮辱性绰号、名誉被诋毁、遭遇网络暴力等，无论哪种形式的欺凌都会让"被侵害人"感到羞耻和愤怒，他们可能由于软弱无力反抗，但极可能会自我伤害，远离人群、沉默寡言、害怕上学、罹患社交恐惧症、特异性焦虑症，严重者甚至选择用自杀来摆脱"磨难"。"被欺凌者"遭遇的痛苦经历会持续影响其一生，部分人成年后依然生活在恐惧之中，可能会在恋爱、婚姻及性取向上出现问题，消极人格、自虐、虐弱行为多会出现。学校是儿童生存的重要空间，在这个本该最安全的地方"欺凌"成为最不和谐的音符。"校园欺凌"在我国被规范称呼为"学生欺凌"，明确了行为主体和空间限度，主要指发生在学校内的学生之间的欺负，与校园暴力既相联系又有严格的区别。

2017 年 12 月，教育部等 11 部门关于印发《加强中小学生欺凌综合治理方案》，在"依法依规处置"中强调"强化教育惩戒作用"，积极发挥学校学生欺凌治理委员会与司法机关、残联、共青团组织之间的协同联动作用。赋予学校学生欺凌治理委员会惩戒的职能。依据欺凌损害程度追究行为人责任。

第一层级：教师教育惩戒的范畴。当前国家正在积极修订《教师法》，同时出台关于中小学教师教育惩戒的实施细则，赋予教师对学生的违规违纪行为实施惩戒的权力。对于情节轻微的一般欺凌事件，教师有权单独采取措施实施惩戒，即代表学校对实施欺凌学生开

---

① 任海涛：《校园欺凌者及监护人"中间性处罚"法律责任研究》，《教育发展研究》2018 年第 12 期。

展批评、教育。实施欺凌学生应向被欺凌学生当面或书面道歉，取得谅解。

第二层级：教导主任教育惩戒的范畴。对于反复发生的一般欺凌事件，学校在对实施欺凌学生开展批评、教育的同时，可视具体情节和危害程度给予纪律处分。这一层级的欺凌后果超越教师惩戒的权力范围，涉及学校的纪律处分和书面惩戒，需要教导主任代表学校实施惩戒，不能要求被害人单纯原谅、权利克减，加害人需要付出惩罚性赔偿。

第三层级：学校学生欺凌治理委员会惩戒的范畴，在这一层级中可以申请公安机关介入。情节比较恶劣、对被欺凌学生身体和心理造成明显伤害的严重欺凌事件，学校对实施欺凌学生开展批评、教育的同时，可邀请公安机关参与警示教育或对实施欺凌学生予以训诫，公安机关根据学校邀请及时安排人员，保证警示教育工作有效开展。学校可视具体情节和危害程度给予实施欺凌学生纪律处分，将其表现记入学生综合素质评价。

第四层级：由专门（工读）学校进行矫治和接受教育。屡教不改或者情节恶劣的严重欺凌事件，必要时可将实施欺凌学生转送专门（工读）学校进行教育。

第五层级：涉及违反治安管理或者涉嫌犯罪的学生欺凌事件，处置以公安机关、人民法院、人民检察院为主。对有违法犯罪行为的学生，首先要责令其父母或者其他监护人严加管教。对依法应承担行政、刑事责任的，要做好个别矫治和分类教育，依法利用拘留所、看守所、未成年犯管教所、社区矫正机构等场所开展必要的教育矫治；对依法不予行政、刑事处罚的学生，学校要给予纪律处分，非义务教育阶段学校可视具体情节和危害程度给予留校察看、勒令退学、开除等处分，必要时可按照有关规定将其送专门（工读）学校。

作为部门规章，《加强中小学生欺凌综合治理方案》的法律位阶较低，不得与上位法《未成年人保护法》《义务教育法》等相抵触，而依据两法，义务教育阶段不允许开除学生，送工读学校也要家长同意并执行，就增加了惩戒的难度。所以，在学校内通过"德法"结合的法治教育手段，实现恢复性正义就成为关键。

科伦拜恩枪击案的行为人是"被欺凌者"，因为被奚落、排斥和欺凌而"生恨"；但是发生在 2018 年的佛罗里达州道格拉斯高中枪击案的肇事者却是名副其实的"欺凌者"，因为欺凌行为被两所高中开除，所以憎恨学校，进而报复学校，这一案件提示学校要做好惩罚后的"救济"。欺凌者的欺凌行为如果不及早加以有效矫正，其暴力倾向不会随年龄的增加而降低，同时，人们由于其"劣迹"而与其隔离、规避，使其陷入"孤岛"，在生活、工作、社交中受挫，进而走上犯罪道路的比率也非常高。对于欺凌者不能歧视，所以任何一个法案都有一条"非歧视原则"。埃利奥特·阿伦森（Elliot Aronson）在《不让一个儿童生恨》中强调导致学生间排斥、奚落和欺凌的"根源"是"课堂上普遍的竞争氛围，这种氛围陷学生于相互倾轧，为了好的等第分以及老师的尊重等稀缺资源而相互竞争"，阿伦森建议用"拆拼法"，通过合作行为增进学生间共情和同情的感情，有助于他们看到同学们共同的人性及内在的美，感受共处的美好。

第三节　困境儿童人格权请求权的行使

在我国，对儿童权益的法律保护是以《未成年人保护法》和《预防未成年人犯罪法》为主干的。在此基础上形成了由《反家庭暴力法》《禁止使用童工规定》《法律援助条例》《关于加强困境儿童保障工作的意见》《关于依法处理监护人侵害未成年人权益行为若干问题的意见》等政策措施组成的困境儿童人格权益保障体系。作为实体权利的请求权是由德国法学家伯纳德·温德沙伊德（Bernhard Windscheid）从罗马法和普通法当中的"诉"的概念发展出来的。作为民法调整民事关系的基本手段，请求权着眼于人与人之间的关系，保证了一方当事人向另一方当事人提出某种主张。人格权益一旦被损害很难衡量是否恢复原状，因此，人格权保护不仅需要事后的救济性保护，而且需要事先的预防性保护。救济性保护主要借助于侵权责任制度，即通过加害人负担侵权责任，对人格权主体遭受的损害予以赔偿，遵循的是"报应性正义"；预防性保护则主要借助于人格权请求权制度，达到"防患于未然"的作用。事实上，民法对儿童人格权益的保护，是通过人格权请求权和人格权侵权请求权协同实现的。《民法典》第七百七十八条规定"侵害民事主体人格权的，应当依照本法和其他法律的规定承担停止侵害、排除妨碍、消除危险、赔偿损失、消除影响、恢复名誉、赔礼道歉等民事责任。民事主体依照前款规定提出的停止侵害、排除妨碍、消除危险、消除影响、恢复名誉、赔礼道歉请求权不受诉讼时效的限制"。

一　基于损害的人格权益保护特征

（一）确立权利与保护权利的结合

损害是权利和法益受损的一种不利益状态。在民法上，只有确认了人格权，才能为侵权法、不当得利制度等的保护提供基础。十九大报告提出"保护人民人身权、财产权、人格权"，体现了人们在基本的物质生活得到保障之后，对人格尊严的需求更加强烈，彰显国家对人民各项合法权益的全面保护。民法对人格利益的保护十分全面，保护的对象既包括法定的人格权，也包括权利外的人格法益。梁慧星教授认为："请求权是权利人请他人为特定行为（作为、不作为）的权利。请求权在权利体系中居于枢纽地位。因为任何权利，无论其为相对权或绝对权，为发挥其功能，或恢复不受侵害之圆满状态，均需借助请求权的行使"。①

（二）预防性保护和救济性保护相结合，保护手段多样

救济性保护主要借助于侵权责任制度，即通过加害人负担侵权责任，对人格权主体遭受的损害予以赔偿。而预防性保护主要借助于人格权请求权制度，防患于未然。人格权保护手段包括人格权请求权和侵权责任，侵权责任包括停止侵害、恢复名誉、赔礼道歉、损害赔偿等。最有效的保护方法是使遭受侵害的人格利益尽可能得到恢复。采用恢复名誉、消除影响等方式，直接消除损害源的方法，对人格利益的损害进行最有效的补救。

二　人格权请求权的适用

在人格权益领域，现行法律通常不描述主体与标的之间的关系，而是通过描述主体与相关他人的关系来保护主体与标的之间的关系，故在人格权益制度中，主体能做什么或不做什么，通常是以请求权的形式表现出来的。② 人格权请求权是指权利人在其人格权的圆满状态受到妨害或侵害时，可以请求加害人为一定行为或者不为一定行为，以恢复人格权的圆满状态的权利。《瑞士民法典》最早创立了对一般人格权的保护，第 28 条完整地确立了人格权请求权。具体包括请求禁止即将面临的妨害，请求除去已经发生的妨害，或者请求消除影响。德国法学家卡尔·拉伦茨（Karl Larenz）认为，在人格权受到侵害之虞，司法实践准许提起侵害之诉，在继续受到侵害时，准许请求停止侵害。人格权请求权分为排除妨害请求权、停止侵害请求权和损害填补请求权，作为权利人，儿童是人格权请求权行使的主体。2016

① 梁慧星：《民法总论》，法律出版社 2001 年版，第 66 页。
② 贾淼：《人格权益法研究（总论）》，中国政法大学出版社 2014 年版，第224—225 页。

年6月，国务院颁布并实施《关于加强困境儿童保障工作的意见》，在明确了"困境儿童"范围的基础上，对确保困境儿童生存、发展、安全权益得到有效保障提出了具体的做法。人格权作为对世权，权利人可以要求任何其他人负有不作为义务。行使人格权请求权的主体不以直接受害人为限，困境儿童可以通过其他人或组织提出人格权请求救济。《民法典》第778条规定："侵害民事主体人格权的，应当依照本法和其他法律的规定承担停止侵害、排除妨碍、消除危险、赔偿损失、消除影响、恢复名誉、赔礼道歉等民事责任。民事主体依照前款规定提出的停止侵害、排除妨碍、消除危险、消除影响、恢复名誉、赔礼道歉请求权不受诉讼时效的限制。"这就为困境儿童人格权益的保护提供了事实上的保障。

（一）排除妨害请求权

《民法典》第780条规定"民事主体有证据证明他人正在实施或者即将实施侵害其人格权的行为，如不及时制止将会使其合法权益受到难以弥补的损害的，可以在起诉前依法向人民法院申请采取责令停止有关行为的措施"。排除妨害请求权是指权利人的人格权在受到不法妨害的可能时，可以向加害人请求为或不为一定行为以防止妨害的权利。排除妨害请求权应当在权利人的人格权有受到妨害的可能时行使。加害人的行为尚未对民事主体的人格权造成损害，但已对人格权构成威胁，有妨害人格权的可能，此时权利人有权要求行为人消除现存的危险状态。

排除妨害请求权可以使权利人在妨害还没有发生的时候尽早保护权利，防患于未然。身体权与健康权都属于《民法通则》所规定的生命健康权的范畴。身体权与健康权都是物质性人格权。在通常情况下，侵害身体权可能会导致对健康权的侵害，对健康权的侵害往往表现为对身体安全或完整性的破坏。

我国审判实践一贯倾向于对健康权作扩大解释，称其为身心健康权，以涵盖身体权。王利明教授认为身体权不应当包括在健康权之内，二者之间可以适当分离。一方面，侵害身体权不一定导致自然人健康的损害。① 例如，非经他人同意强行剪人毛发，其行为虽侵害了身体权，但并没有侵害健康权。另一方面，侵害健康权也不一定导致身体权的损害，如殴打他人使其精神失常，其身体的完整性并没有受到伤害，但其心理健康却受到了损害。

为了保护公民的身体权，相关法律和司法解释已经规定了人身保护令，以有效制止侵害公民人身权的行为。例如，最高人民法院、最高人民检察院等于 2014 年 12 月 28 日颁行了《关于依法处理监护人侵害未成年人权益行为若干问题的意见》，该意见第 22 条规定："未成年人救助保护机构或者其他临时照料人可以根据需要，在诉讼前向未成年人住所地、监护人住所地或者侵害行为地人民法院申请人身安全保护裁定。"人身安全保护裁定可以包括入校内容，如禁止被申请人暴力伤害、威胁未成年人及其临时照料人；禁止被申请人跟踪、骚扰、接触未成年人及其临时照料人；责令被申请人迁出未成年人住所；保护未成年人假期临时照料人人身安全的其他措施。这些措施的采用，对于有效预防和制止侵害公民人身权的行为，防止损害后果的扩大具有重要意义。

运用"禁止令"防范监护侵害再次发生。《预防未成年人犯罪法》以"保障未成年人身心健康，培养未成年人良好品行，有效地预防未成年人犯罪"为立法目的，站在儿童的立场上，针对儿童特殊的身心需求，制定专门的保障儿童健康权的法律，儿童健康权具有消极权利与积极权利的双重属性。就前者而言，国家只要不干预儿童健康权，不以任何理由、方式来排除保障儿童健康权即可。就后者而言，国家还必须积极地创造条件和机会促成儿童健康权得以实现。因

① 杨立新：《人身权法论》，人民法院出版社 2017 年版，第 405 页。

此，立法就是让儿童健康权从消极权利上升为积极权利，让国家在权利保障的过程中由不作为到有所作为。犯罪行为应该一次性从根本上得到遏制，二次犯罪往往有报复心理，因此犯罪后果更加严重。为了防止家庭暴力的再次上演，保护相关个体和群体的合法权益，法院在宣告其罪行的同时，并以禁止令的方式防止有可能诱发家暴行为的发生，凡是有赌博、酗酒等侵扰被害人的学习和生活的活动，当被害人提起申请诉讼并得到相关部门认可的，要禁止这些人员接近被害人并且进入被害人的生活。

（二）停止侵害请求权

停止侵害请求权是指权利人的人格权受到不法侵害时，可以向加害人请求为一定行为或者不为一定行为以恢复人格权的圆满状态的权利。停止侵害请求权应当在权利人的人格权受到侵害时行使。加害人实施的行为仍在继续状态中，或者可能行为暂时停止但有可能重复发生，权利人可以责令加害人停止其行为，对于尚未发生或者业已终止的行为不能适用。停止侵害请求权的作用在于制止侵害行为，防止不利后果的扩大。殴打儿童，所造成的损害不限于表面的生理机能的损害，还包括内在的难以检测的生理机能的损害。在殴打他人尤其在身体受到暴力侵害的情况下，受害人一般会遭受肉体痛苦和精神痛苦。因此，不管这种痛苦持续多长，不管受害人是否能够举证证明其遭受了外在的生理机能的损害，或者是否具有医疗费用的支出。① 殴打行为是一种故意侵害他人身体权的行为，无论殴打的轻重如何，只要受害人有证据证明行为人实施了殴打行为，行为人就构成侵权，受害人有权请求其承担侵权责任。

目前，我国儿童虐待案件的披露绝大部分是因儿童受虐过于严重，经新闻媒介报道后才为公众知晓，尚有许多儿童虐待事件未能得

---

① 杨立新：《论公民的身体权及其民法保护》，《法律科学》1994 年第 6 期。

到及时处理。《反家庭暴力法》对家庭暴力的预防、家庭暴力的处置、人身安全保护令等做具体的规定，倡议"维护平等、和睦、文明的家庭关系，促进家庭和谐、社会稳定"。以法律的形式表明了国家禁止任何形式家庭暴力的鲜明态度，家庭暴力不再是家庭私事，而是具有严重危害的社会问题。家庭暴力受害者需要国家公权力的保护，预防和制止家庭暴力是国家保护人权维护社会安定的重要职责之一。在"依法及时、有效干预"原则的基础上，坚持"保护被害人安全和隐私"，防止儿童遭遇二次侵害。考虑到监护侵害案件中，儿童与监护人之间的特殊的亲密关系，坚持"尊重被害人意愿"原则，儿童希望调解、同意谅解的，只要基于真实意愿，可以依法恢复监护人的监护资格。

《反家庭暴力法》坚持"特殊保护原则"，对包括儿童在内的缺乏自我保护能力，更容易遭受家庭暴力侵害的家庭成员给予特殊保护，通过代理人诉讼提供更全面的法律援助等措施来保护他们的合法权益。《民法典》第 780 条规定："民事主体有证据证明他人正在实施或者即将实施侵害其人格权的行为，如不及时制止将会使其合法权益受到难以弥补的损害的，可以在起诉前依法向人民法院申请采取责令停止有关行为的措施。"

（三）损害填补请求权

人格权请求权作为一种消极的请求权，主要是发挥一种被动防御的功能，但是，随着个人信息保护、隐私保护等内容的发展，人格权请求权越来越具有主动的特点。损害填补请求权是指权利人的人格权已经受到了损害，但是在符合一定条件的前提下，权利人仍可以向加害人请求为一定行为或者不为一定行为的权利。损害填补请求权按照补偿方式的不同可以分为物质填补请求权和非物质填补请求权。物质填补请求权，也就是损害赔偿请求权。在侵害身体权的情况下，如果受害人遭受了精神损失，也可以给予精神损害赔偿。

尽管我国《民法通则》第 119 条没有明确规定侵害身体权可以获得精神损害赔偿。但是，我国司法实践已经突破了这一限制。物质补偿请求权就是以金钱给付为主要手段的损害赔偿请求权。民法对权利的救济具有财产性和补偿性的特点，损害赔偿是民法对权利进行救济的最主要手段。人身伤害的财产损害赔偿，一般称为人身损害赔偿，实际上是对侵害民事主体的身体权、健康权、生命权所造成的损失进行赔偿；侵害精神性人格权的损害赔偿，一般称为精神损害赔偿，但实际上，这种损害赔偿并不是精神损害赔偿的全部，而只是其中的一部分；侵害人格权的抚慰金赔偿，这是对侵害人格权行为所造成的受害人的精神痛苦的金钱赔偿，以抚慰受害人的精神创伤、感情伤害等，抚慰金赔偿的适用有扩大的趋势。非物质填补请求权，是指不具有物质补偿内容的请求权。

《民法典》第 781 条规定"侵权人依法承担消除影响、恢复名誉或者赔礼道歉等民事责任的，应当与侵权的具体方式和造成的影响范围相当。侵权人拒不履行的，人民法院可以采取在报刊、网络等媒体上发布公告或者公布生效裁判文书等方式执行，产生的费用由侵权人负担"；第 782 条规定："因当事人一方的违约行为，损害对方人格权造成严重精神损害，受损害方选择请求其承担违约责任的，不影响受损害方请求精神损害赔偿"。在加害人的行为对民事主体的人格权造成损害的情况下，如果权利人认为只要加害人为自己恢复名誉、消除影响或者向自己赔礼道歉，就可以恢复人格权的圆满状态，只向加害人提出恢复名誉、消除影响和赔礼道歉的请求，法律就应当支持权利人的请求，另外，如果权利人在请求物质填补的同时提出了非物质填补的请求，法律也应当支持。

三　责任主体特殊的侵权责任类型的人格权请求权适用

我国法律规定未满 14 周岁的人实施法律规定的犯罪行为不认为

是犯罪，不承担刑事责任。已满 14 周岁不满 16 周岁的人，只有实施了故意杀人、故意伤害致人重伤或者死亡、强奸、抢劫、贩卖毒品、放火、爆炸、投毒的行为，才构成犯罪，需要承担刑事责任。发生在学生间的校园欺凌、网络暴力等对困境儿童的生命健康权、名誉权和隐私权的侵害，常常因为行为人"未成年"或"情节不够严重"而不了了之，使得"未成年"成为侵权行为的"保护伞"，使法律规范形同虚设。《预防未成年人犯罪法》列举了"严重危害社会，尚不够刑事处罚的违法行为"，即 8 项"严重不良行为"：纠集他人结伙滋事，扰乱治安；携带管制刀具，屡教不改；多次拦截殴打他人或者强行索要他人财物；传播淫秽的读物或者音像制品等；进行淫乱或者色情、卖淫活动；多次偷窃；参与赌博，屡教不改；吸食、注射毒品；其他严重危害社会的行为。规定"对有本法规定严重不良行为的未成年人，其父母或者其他监护人和学校应当相互配合，采取措施严加管教，也可以送工读学校进行矫治和接受教育。"

（一）监护人的替代责任

《中华人民共和国民法典》将原来的《婚姻法》和《收养法》编纂成为民法典婚姻家庭编，使得"婚姻"与"家庭"共同成为《民法》规范下的"法律行为"。在结婚自由、离婚自由的前提下，增设了"离婚冷静期 30 天"的规定，捍卫婚姻的神圣和儿童受到家庭保护的权益。《婚姻法》与《收养法》形成新的"婚姻家庭编"的基础，为困境儿童获得家庭形式的替代式监护救助提供了法律依据，是对监护侵害的有效救济方式。监护人责任是指无民事行为能力人或者限制民事行为能力人因自己的行为致人损害，由行为人的父母或者其他监护人承担赔偿责任的特殊侵权责任。[①] 监护人责任是替代责任，无民事行为能力人或者限制民事行为能力人实施具体的侵害行

---

① 王利明等：《民法学》（第三版），法律出版社 2011 年版，第 789 页。

为，造成了被侵害人的人身损害或者财产损害，侵害了被侵害人的权利，但是，承担侵权责任的不是造成损害的行为人，而是行为人的监护人，是监护人替代实施加害行为的行为人承担侵权责任，是典型的替代责任。《预防未成年人犯罪法》第 10 条规定："未成年人的父母或者其他监护人对未成年人的法制教育负有直接责任。"明确了监护人作为儿童侵权行为的特殊责任主体地位，监护人需要对被监护人的侵权行为承担特殊的侵权责任。这样，困境儿童的人格权请求权才有的放矢。《预防未成年人犯罪法》第 49 条规定，"未成年人的父母或者其他监护人不履行监护职责，放任未成年人有本法规定的不良行为或者严重不良行为的，由公安机关对未成年人的父母或者其他监护人予以训诫，责令其严加管教。"

《侵权责任法》确认我国监护人责任的归责原则是过错推定原则，并以公平分担责任作补充。无民事行为能力人、限制民事行为能力人造成他人损害的，由监护人承担侵权责任。这里实行的是过错推定原则，即从无民事行为能力人、限制民事行为能力人致人损害的事实中，推定监护人有过错，推定成立的，就应当由监护人承担赔偿责任。这里不适用过错责任原则，为了保障被侵害人不会因为不能举证证明监护人的过错而无法得到赔偿。但是，监护人尽到监护责任的，可以减轻其侵权责任，即适用公平分担责任进行调整，合理确定赔偿责任归属。在根据公平分担责任原则确定当事人的责任时，应注重考虑当事人的财产状况、经济收入、必要的经济支付和负担、造成损害的程度等因素，公平合理地分担损失。

（二）网络服务提供者的侵权责任和连带责任

人格权请求权作为一种消极的请求权，主要是发挥一种被动防御的功能，但是，随着个人信息保护、隐私保护等的发展，人格权请求权越来越具有积极主动的特点，以有效维护个人人格权的完整性。在侵害隐私权和个人信息权时，受害人有权要求采取更正、删除、补充等措施，以保护其权利。这一点体现了人格权益的民法保护的"保护手段多样性"的特点，人格权请求权与侵权责任共同作为保护手段。

《侵权责任法》第36条第1款规定了网络用户和网络服务提供者的自己责任，即"网络用户、网络服务提供者利用网络侵害他人民事权益的，应当承担侵权责任。"网络用户利用网络，侵害他人民事权益，构成侵权责任，应当由自己对被侵权人承担赔偿责任。这是过错责任，适用该法第6条第1款规定确定责任。网络服务提供者自己利用网络侵害他人民事权益的表现形式，例如，自己在网络上发表作品、信息诽谤、侮辱他人，网络服务提供者在网络上抄袭、剽窃他人著作等，同样适用该法第6条第1款规定确定责任，追究过错责任，承担赔偿责任。网络服务提供者的连带责任，是指网络用户利用网络实施侵权行为，网络服务提供者在何种情况下与网络用户一起承担连带责任的网络侵权特殊形式。在《侵权责任法》第36条中，网络服务提供者就是指网站。第36条第2款和第3款着重规定的是网络服务提供者对网络用户实施的侵权行为承担连带责任。适用两种规则：

（1）提示规则。《侵权责任法》第36条第2款规定网络服务提供者连带责任："网络用户利用网络服务实施侵权行为的，被侵权人有权通知网络服务提供者采取删除、屏蔽、断开链接等必要措施。网络服务提供者接到通知后未及时采取必要措施的，对损害的扩大部分与该网络用户承担连带责任"。

（2）明知规则。由于网络侵权的特殊性，并非网络上发表的所有内容构成侵权时，网络服务提供者就必须承担侵权责任。网络发表作品、信息，没有编辑或者审查的过程，任何网络用户都可以上传文章，而网络服务提供者仅仅是提供网络平台支持而已。如果让网络服务提供者承担与新闻媒体编辑出版者同样的责任，对作品进行事先审查，既不公平，也不合理。

网络服务提供者的明知规则，就是网络服务提供者明知网络用户利用其网络实施侵权行为，而未采取必要措施，任凭侵权行为实施，对被侵权人造成损害，对于该网络用户实施的侵权行为就具有放任的间接故意。因此，网络服务提供者的这种明知的行为，被视为共同侵权行为。在所造成的后果认定中，就有网络服务提供者的责任份额，应当承担连带责任。

（三）学校承担的学生伤害事故责任

学生伤害事故是指无民事行为能力或者限制民事行为能力的学生在幼儿园、学校或者其他教育机构学习、生活期间，受到人身损害，应当由幼儿园、学校或者其他教育机构承担赔偿责任的特殊侵权责任。

学生伤害事故的归责原则：《侵权责任法》第38—40条明确规定，对于无民事行为能力人在幼儿园、学校或者其他教育机构学习、生活期间受到人身损害的，适用过错推定原则；对于限制民事行为能力人在幼儿园、学校或者其他教育机构学习、生活期间受到人身伤害的，适用过错责任原则。对于第三人的行为造成学生受到损害的，适用过错责任原则。当前，是否给予教师教育惩戒权是研究的一个重点问题。民法典人格权编强调的对人身自由和人格尊严的保护为教师教育惩戒提供了法治底线。

教师教育惩戒作为学校依法执教的重要手段，不能侵犯学生的"一般人格权"，即人身自由和人格尊严。《中小学教师实施教育惩戒规则（征求意见稿）》依据学生违规违纪情形及程度的不同，将"失范行为"引发的惩戒划分为"一般惩戒""较重惩戒"和"严重惩戒"3种类型。虽然学生失范行为程度不同，但根源皆是学生感的缺失而引发的角色冲突，即学生行为与社会期待之间的对立和冲突。教师教育惩戒的目标是促使学生感的回归，这一目标必须明确，只有目标明确才可能在执行中不走样，取得教育效果。良好的师生关系是促成学生感回归，进而达成教师教育惩戒目标的基础。

教师教育惩戒必须发起于学生行为失范。讨论学生行为失范的前提是要明确学生行为规范，这是检验教师"法律思维"的重要标准。"没有无义务的权利，也没有无权利的义务"，依据《教育法》第43条的规定，学生享有"参加教育教学计划安排的各项活动，使用教育教学设施、设备、图书资料"，"在学业成绩和品行上获得公正评价"等特殊权利及法律法规规定的普遍权利，同时，《教育法》第44条规定了学生应履行的义务。"惩戒"只能发起于学生违反法律法规及学生行为规范之时，它是学生因为没有履行"作为学生的义务"并且造成不良后果，而必须承担的"责难"。教师必须履行对学生失范行为的干预和制止义务，以维护《宪法》和《教育法》所规定的"公民受教育权"，如果没有履行该义务，教师也要承担责任。《中小学班主任工作条例》赋予班主任"人生导师"的使命，要求其不仅要以正面鼓励的方式教育学生，而且要能够以适当方式对学生进行批评教育；《教育部等九部门关于防治中小学生欺凌和暴力的指导意见》强调对学生欺凌中的"施暴者"必须依法依规采取适当的矫治措施予以教育惩戒，"充分发挥教育惩戒措施的威慑作用"。

教师教育惩戒必须以帮助学生回归本分为目标。社会学中的"角色"是指处于特定社会位置的人被期望表现出的行为。社会对学生的更高期待是把他们培养成为"德智体美劳全面发展的社会主义建设者和接班人"，基本期待是实现作为学生的"本分"，即履行《教育法》第44条规定的义务，"遵守法律、法规"、"遵守学生行为规范，尊敬师长，养成良好的思想品德和行为习惯"、"努力学习，完成规定的学习任务"、"遵守所在学校或者其他教育机构的管理制度"，当没有履行这些义务并造成不良后果时，教师教育惩戒才可以实施，因此，教师教育惩戒以帮助学生回归本分为目标。

　　惩戒首先是一种道德教育。法国社会学家爱米尔·涂尔干（Émile Durkheim）在《道德教育》中说："惩罚的本质功能，不是使违规者通过痛苦来赎罪，或者通过威胁去恐吓可能出现的效仿者，而是维护良知"；"惩罚并不是为了使他人的身体或灵魂吃苦头，而是在遇到过失时确证过失所否认的规范"，惩罚的任务就在于通过责难违法者进而维护道德命令的现实性和有效性，传递道德认知和道德情感，扶植道德意志和行为。教师教育惩戒的任务也正在于此，不是对违规者的"报复"，而在于通过责难唤醒学生对法律法规和学生行为规范的尊重和服从，扶植学生的"学生感"，进而履行学生义务。

　　惩戒不能成为强行控制个人行为的威慑工具。社会心理学中的"米尔格拉姆服从实验"，因为要求"教师"角色对"学习者"角色记忆错误实施"增强电击惩罚"，而陷入实验伦理质疑，其威慑工具造成的消极后果值得警醒。惩戒始终不应成为教师工作的主要内容，它仅仅是辅助教学和管理工作的、经慎重选择的、必要性的工作。教师不能把被赋予的"教育惩戒权"当作强行控制学生个人行为的威慑工具而滥用。教师必须尊重学生的人格尊严，不能通过"体罚"侵犯学生的健康权、隐私权和名誉权等人格权。教师教育惩戒必须遵循比例原则，如非必要不施加，施加则过罚相当。从"社会纪律"而非"规训"的角度认识教师教育惩戒。对于惩罚的研究，福柯关注"规训"在学校、监狱等场所的运用，而涂尔干则希望通过职业团体的社会纪律和规范承担起道德重建的使命。这里的区分在于学校的定位，即对于学生来说，学校是其接受"规训"的场所还是与教师、同学形成的"我们的职业团体"。如果是前者，规范就是外在强加的、逼迫性的；如果是后者，规范就是共同协商制定的、认同的，作为成员必须遵守的。从德育原则上看，可以描述为平行性原则，即在集体中通过集体对个人进行教育，教师作为"我们的职业团体"中的一员，被授权对违规违纪、言行失范的学生进行制止、管束或者以特定方式予以纠正，使学生引以为戒，认识和改正错误，获得成长。

良好的师生关系保障教育惩戒目标的达成。涂尔干主张惩罚功能在于维护规范的权威："如果允许日常违规行为不受惩罚，那么这样的行为就会侵蚀掉规范的权威。"在涂尔干看来，惩罚从属于道德教育，而并非道德教育的核心部分，它起着保护和重建已经靠其他手段形成的伦理秩序的作用。这里的"其他手段"的核心内容就是良好的师生关系。说服式惩戒是教师日常惩戒的主要形式，而说服的效力与说服人在被说服人心目中的位置直接相关，良好的师生关系是保障教育惩戒目标达成的关键。也就是说，只有在教师面前产生了"学生感"，才能够从一个学生的角度倾听、理解和信服教师的说服，把"惩戒"认定为来源于师爱的、帮助自己成长的善意的"责难"。从集体成员资格中获得的"学生感"。注重法制教育、校规宣传和班规订立。转变站在学生之外说教的做法，善用"我们"即成员资格的力量，将学生对法律法规的服从、对校规班规的依从、对教师教导的顺从转变为对这些规范和要求的认同。学校校规校纪应当公布，学校应当利用入学教育、家长会、班会等时机向学生和家长宣传讲解校规校纪。班规要在教师的主持下，经由班级全体学生参与制定并执行。学校和教师在任何情况下都不能歧视和排斥处境不利的学生，不能剥夺过错学生参与班规订立的权利。发扬班级民主，帮助学生从他律到自律，从获得集体成员资格进而获得"学生感"。从"我们老师"的称谓中获得"学生感"。

教师不是学生心目中当然的互动性重要他人，在没有得到学生认同之前，教师仅仅是"教育者"，教师仅仅具有依据教育法律法规按照教学计划从事教育教学工作、对学生进行指导和评价的"职务权利"。教师只有通过自身的人格魅力获得学生的认同，具备了感召性权威时，才能够成为学生的重要他人，在与学生互动中给予学生指导其至是惩戒都是学生乐于接受的，其至会成为学生的偶像性重要他人。学生愿意称教师为"我们老师"以彰显对教师的亲近和信赖，从"我们老师"的称谓中获得"学生感"。"我们老师"不会以任何形式的体罚使学生身体遭受痛苦；不会辱骂或用侮辱的言行贬损学生的人格尊严，更不会因为个别同学犯错而迁怒全体同学。"我们老师"会基于日常对学生的了解，在"小惩大戒"中关注学生的身心特征、过错性质、悔过态度和承受能力，选择适宜的方式实现最佳的教育效果。从"我的学生"的承担中获得"学生感"。

教师教育惩戒"强调从否定性惩罚导出良好教育效果"。良好的师生关系不仅表现在教师与学生一起分享成绩和光荣，更表现在教师与学生一起承担"我的学生"犯的错。实施教育惩戒秉持育人为本的基本原则，应当基于关爱学生的宗旨、符合育人规律，达到教育学生遵守规则、增强自律、改过向上的目的。"爱之深，责之切"，教师无论是在自己的权力范围内惩戒学生，还是提请学校惩戒学生，抑或联合家长一起规范学生不良行为，只要能从与"我的学生"一起承担"责难"的角度出发，既对学生的错误不姑息、不隐藏，又积极地采取最有效的办法、联合学校和家庭共同帮助学生改正，学生就能从教师对"我的学生"的用心良苦中获得"学生感"，进而更可能在教师的帮助下改正自己的错误回归学校和班级。

本章小结

本章基于民法典侵权责任编"制止侵权、厘清责任、救济权利、震慑欲动、教育开化"的基本功能无法在困境儿童人格权益侵权案件中得以有效实现的认识，提出以人格权请求权补充侵权请求权的建议。困境儿童人格权益的侵害行为常常发生在亲子之间、师生之间、同学之间，这些发生在"熟人社会"中的行为如果处理不当，可能会影响到更长远。基于儿童发展的特殊性，对困境儿童人格权益的法律保护应当发挥"预防"和"调节"的救济功能。

坚持报应性正义之上的修复正义，探索人格权请求权在困境儿童人格权益法律保护中的适用。进一步分析了儿童人格利益的特殊性，提出以修复正义补充和完善基于报复性正义的"惩罚"，注重"修复关系"真正地"恢复原貌"，适应困境儿童人格权益保护的实际。进而结合《关于依法处理监护人侵害未成年人权益行为若干问题的意见》（法发〔2014〕24号）和《国务院关于加强困境儿童保障工作的意见》（国发〔2016〕36号）验证人格权请求权在困境儿童人格权益法律保护中的适用。法律工作不一定都要"诉讼"和"宣判"，如果通过"调节"可以解决，不用惩罚，这并不挑战法律的权威性。在困境儿童人格"侵权"案件中，不仅要依据法律规定，即侵权法的厘清责任的导向，还要将当事双方具体的冲突放置到抽象的纪律原则之下来审判。承认困境儿童本人及其他利益相关者共同解决这一违规违纪行为的能力。法律的目的不仅仅是为了惩罚，而更重要的是恢复原貌，是为了修复被破坏了的关系，包括亲子关系、师生关系、同学关系。

第五章　困境儿童人格权益保护的法治生态建构

　　儿童利益最大化要求以最积极和最及时的救济保障困境儿童的权益。尽管边沁"法赋人权"论所强调的"权利是法律的产物"混淆了法律与人权的手段与主体之间的关系，但是没有法律保障的权利的确是虚无的，困境儿童人格权益必须得到法律的确认，才可能得到救济。中国特色社会主义进入新时代，在推进国家治理体系和治理能力现代化这一时代大背景下，完善法学思维体系和基本范式，从法律思维向法治思维、法理思维转变，从保障困境儿童的权利、维护社会正义的角度，推进新时代国家法治治理体系与法治治理能力现代化。

　　构建完善的儿童人格权益法律保障体系是维护困境儿童人格权益与全面依法治国有机结合的具体表现。我国儿童权益保护法律保障体系逐渐完善，但依然存在着儿童权益立法质量不高、系统性和前瞻性不足，执法保障队伍素质参差不齐、执法监督疲软，司法保障不力、公益诉讼制度粗略等问题。为此，需要法学界与教育界密切配合，将《民法典》研究与《未成年人保护法》《预防未成年人犯罪法》研究结合起来，弥补儿童生存生态立法的不足，提高立法质量；通过加强儿童权益保护执法队伍建设、执法监督效能和强化公正司法保障能力，切实提高儿童权益保护执法司法保障体系；通过社会舆论提升公民对发现儿童被侵害特别是监护侵害时强制报告的认同与实现；完善儿童权益保护公益诉讼制度，促进公众参与原则真正落地。

《未成年人保护法》是专门保障儿童权益的法律，面对困境儿童保护的新问题，其内容应与时俱进。在家庭保护、学校保护、社会保护和司法保护中贯彻预防性保护和侵权保护相结合的原则，结合儿童身心发展特点重视人格请求权与侵权请求权结合的救济方式，及时阻止对儿童的伤害，将伤害程度减小到最低。困境儿童人格权益保护首先要获得确权，即作为权利人在权利受到侵害时向人民法院提起诉讼所依据的法律规范和条文。这些规范和条文需要在社会尊重和保护儿童的法治文化下获得实施，即人们具有有关法治的群体性认知、评价、心态和行为模式。[①] 其中，法治思维和法治习惯是一个群体法治文化重要的表现形式，法制教育是其获得的手段之一。"社会支持"是提升困境儿童人格权益法律保护实效的关键环节，只有人们对法律规范达成某种"共识"，才可能对触犯规范的人产生非议和排斥，进而扩大惩罚实施效果，加速"法制规范内化"，而"法制规范内化"的越多，反社会行为发生的就越少，社会纠纷和矛盾也就会相应减少。所以，针对困境儿童人格权益屡被侵害的现实，完善以《未成年人保护法》为核心的困境儿童人格权益保护法律规范，通过教育提升社区民众"助童"的法律意识和儿童自我保护的法律意识，发挥道德、习俗、政策等对困境儿童人格权益法律保护的助力，推动社会"共识"形成，促进"法律规范内化"构建尊重和保护困境儿童人格权益的法治生态，提升法律实效。

---

① 张文显：《法律文化的结构及功能分析》，《法律科学》1992 年第 5 期。

第一节　法学思维基本范式演进的相关研究

张文显教授倡导和推进的"法理研究行动计划"为法学思维基本范式的研究注入了新的力量，主张中国法学"走进法理新时代"，意味着"中国法学迎来了从法律之学、法治之学上升到法理之学的契机，迎来了从法的规则之学、秩序之学升华为法的理性之学的飞跃。"① 张文显教授称"良法善治"是"形式法治和实质法治深度融合"的结果。

一　法学体系的核心概念和思维范式

（一）法律、法治、法理

"法治理论回答的不是规则的理论，而是依据规则进行治理的理论。"习近平总书记曾这样说明"法律"和"法治"的界限："法律是什么？最形象的说法就是准绳。用法律的准绳去衡量、规范、引导社会生活，这就是法治。"② 张文显教授认为"法律和法治都要建立在某种理念和价值共识的基础上，都会有某种目的性的导向，对这些理念、信念、导向、共识的追问，就是关于法理的理论。"③ 法律要求人们理性地去生活，让人们理性地对待自己的权利和他人的权利。每一步法律都规定了基本原则，这些法律原则就是法理的一种载体或

---

① 张文显：《走进法理新时代——专访"法理研究行动计划"的倡导者和推进者张文显教授》，《中国法律评论》2019 年第 3 期。

② 张文显：《走进法理新时代——专访"法理研究行动计划"的倡导者和推进者张文显教授》，《中国法律评论》2019 年第 3 期。

③ 张文显：《走进法理新时代——专访"法理研究行动计划"的倡导者和推进者张文显教授》，《中国法律评论》2019 年第 3 期。

存在形式，以实现"良法善治"。现代民法所确立的生命无价、人身自由、人格尊严、性别平等、财产神圣、契约自由、诚实信用、公平正义、公序良俗、权利救济、定分止争等等，都是中国民法中的核心法理。然后民法典各分编各有自己的基本法理，比如婚姻法中的婚姻自由、物权法中的平等保护产权等。

（二）法律思维、法治思维、法理思维

法学思维包括法律思维、法治思维和法理思维。张文显教授对三者的区别进行了分析。①

"法律思维"实质上就是规则思维，即规范性思维范式，即能够做什么、可以做什么、不能做什么、禁止做什么的思考和推理。法律是规则，是关于权利和义务的规定。所以，这是法律人最基本的职业思维。

"法治思维"的实质是依法治理、依法办事的思维，即合法性思维，是把对法律的敬畏、对规范的理解转化为思维方式和行为方式，其关键是想问题、作决策、办事情要守规则、重程序和保护人民利益，"正义不仅要实现，而且要以人们看得见的方式加以实现"，"法治思维"其核心在于如何通过法律来规制公共权力者手中掌握的权力，从而保障公民个人的权利和自由。②"法治思维"范式由法规则之上思维、职权法定思维、法定程序思维、公民权利保障思维、法前平等思维等五重内涵构成。彻底摒弃人治思想和长官意志，不搞以权压法、以言废法。法治思维是法治职业共同体和各级领导干部必须养成的思维方式。

"法理思维"是基于对法律精神和法治精神的深刻理解，以及基于良法善治的实践理性而形成的思维方式，即正当性思维。范进学主

---

① 张文显：《走进法理新时代——专访"法理研究行动计划"的倡导者和推进者张文显教授》，《中国法律评论》2019 年第 3 期。

② 范进学：《论中国特色法学思维体系的基本范式》，《法学》2020 年第 1 期。

张"法理就是法之理，没有法理思维的法律思维或法治思维，只能是法条思维、机械思维、教条思维或僵化思维，法理思维应当是法律思维与法治思维之应有之义，其内涵构成包括原理或原则思维、目的思维、价值思维。"① 法理思维把民主、人权、公正、秩序、良善、和谐、自由等价值精神融入法律和法治之内，因而更具有包容性。"法理思维"由于是讲理的思维，因此任何人只要讲出法之理，就属于法理思维，如"信必诚"等朴素的正义观念，其本身就是一种公理式的法理思维。随着法治教育的推广，公民法律意识或法治意识不断提高，即使一个普通公民也可能同样具有一定程度的法律思维或法治思维。

（三）法理思维是反思性思维

"法理思维是典型的反思性思维。不仅关注法律当中的具体规则、条文等，而且更加关注这些规则存在的根据及其正当性、合理性、合法性问题，即深藏于这些规则背后的社会价值问题、经济和社会发展目标问题、公共政策问题，正义或道德公理等。"② 增强法理的说理性、论辩性。

"义务来源于权利、服务于权利、服从于权利，这就是权利本位最经典的表达。"③ 学理上来讲，权利是第一性的，义务是第二性的。义务是从权利派生出来的。张文显以生动例子来解释这一论断：要我保守国家机密，前提是我得有知情权；说公民有纳税义务，前提是公民有劳动和收获的权利，没有就业、没有收入，纳税这个义务从何而来？困境儿童人格权利只有受到保护，《预防未成年人犯罪法》中的关于儿童要为"不良行为"和"严重不良行为"承担责任才符合正

---

① 范进学：《论中国特色法学思维体系的基本范式》，《法学》2020年第1期。
② 范进学：《论中国特色法学思维体系的基本范式》，《法学》2020年第1期。
③ 张文显：《走进法理新时代——专访"法理研究行动计划"的倡导者和推进者张文显教授》，《中国法律评论》2019年第3期。

义的法理。

二 《民法典》"人格权编"的基本法理：人格尊严不容侵犯

《民法典》"人格权编"对于落实我国宪法关于人身自由与人格尊严的规定，保障公民民事基本权利，切实回应人民群众的法治需求，更好地满足人民日益增长的美好生活需要，具有重要意义。

（1）保证"人格权编"符合宪法规定、原则和精神

1954 年宪法第一次明确将保护人身自由写入宪法，第 89 条规定："中华人民共和国公民的人身自由不受侵犯。任何公民，非经人民法院决定或者人民检察院批准，不受逮捕。"同时，第 90 条规定："中华人民共和国公民的住宅不受侵犯，通信秘密受法律的保护。中华人民共和国公民有居住和迁徙的自由。"

1982 年宪法将公民基本权利的规定扩展为 19 条，并首次置于"国家机构"一章之前。[①] 在继承 1954 年宪法的基础上，突出了对在人身自由和人格尊严的保护基础上的公民基本权利的保护。第 38 条首次对人格尊严作出明确规定："中华人民共和国公民的人格尊严不受侵犯。禁止用任何方法对公民进行侮辱、诽谤和诬告陷害。"

2004 年 3 月，十届全国人大二次会议通过宪法修正案，"公民的基本权利和义务"作为宪法第二章，其中第 33 条增加第 3 款："国家尊重和保障人权。"在具体规定公民各项基本权利和自由的基础上，明确突出了"人权在国家生活中的坐标与功能，使人权从一般的政治原则转变为统一的法律概念，使以人权为核心的公民基本权利保障成为具有独立规范价值的宪法原则。"[②]

---

① 闫然：《从民法典人格权编看我国人格权保障的宪法实施》，《中国人大》2020 年第 6 期。

② 闫然：《从民法典人格权编看我国人格权保障的宪法实施》，《中国人大》2020 年第 6 期。

宪法上的人身自由和人格尊严是公民人格权的基础。现行宪法第37条、第38条关于人身自由和人格尊严的内涵随着我国人权事业的发展而不断完善。1982年宪法第一次作出了保护公民人格尊严的规定。1986年制定通过的民法通则贯彻实施宪法规定，专章列举了生命健康权、姓名权、肖像权、名誉权等人身权利，其中第101规定："公民、法人享有名誉权，公民的人格尊严受法律保护，禁止用侮辱、诽谤等方式损害公民、法人的名誉"，将人格尊严置于名誉权保护之中，首次在民事法律规范中对公民的"人格尊严"作出规范。随着我国人权事业的不断发展，我国公民政治、经济、文化、社会各项权利得到了充分的法律保障。2005年8月，十届全国人大常委会第十七次会议通过关于修改《妇女权益保障法》的决定，首次在法律中使用了"人格权"的概念。最高人民法院在2001年关于确定民事侵权精神损害赔偿责任若干问题的解释中，对受侵害的人格权种类作出细化规定，主要包括："（一）生命权、健康权、身体权；（二）姓名权、肖像权、名誉权、荣誉权；（三）人格尊严权、人身自由权等。"2017年通过的《民法总则》贯彻落实宪法关于人身自由和人格尊严的规定，在民事法律规范上对公民人格权的保护更加充分、全面。在第五章"民事权利"开篇规定："自然人的人身自由、人格尊严受法律保护。"并在第110条列举规定了人格权的构成："自然人享有生命权、身体权、健康权、姓名权、肖像权、名誉权、荣誉权、隐私权、婚姻自主权等权利。法人、非法人组织享有名称权、名誉权、荣誉权等权利。"

闫然在论述"从民法典人格权编看我国人格权保障的宪法实施"中提出：宪法第37条至第40条关于人身自由和人格尊严的规定，共同组成了以人身自由为基础，以人格尊严为核心，以住宅权利、通信自由和通信秘密等相关权利为支撑的宪法规范。在这一规范体系中，既包括了对于公民人身自由、人格尊严等基本权利的保护，也规定了公权力机关对于人格权行使的限制。在概念内涵上，宪法关于人身自由和人格尊严的保护既包括人身自由、人格尊严、住宅不受侵犯、通信自由和通信秘密受法律保护，也应包括宪法中未明文规定但在实践发展中不断完善并通过立法贯彻实施的生命权、健康权、姓名权、隐私权、名誉权、肖像权等权利。

（2）呼应人民群众对美好生活的需要

宪法的生命在于实施，宪法的权威也在于实施。《民法典》第989条规定"人格权编"的调整对象，即"调整因人格权的享有和保护产生的民事关系。"人格独立，打破了人身依附关系，夫妻之间、父母子女之间、老板和雇员之间，人格都是独立的，没有人可以凌驾于另一方的人格之上。基于人格独立，所以才有围绕"人格尊严"受到侵害的人格权问题。第990条规定："人格权是民事主体享有的生命权、身体权、健康权、姓名权、名称权、肖像权、名誉权、荣誉权、隐私权等权利。除前款规定的人格权外，自然人享有基于人身自由、人格尊严产生的其他人格权益。"以此为基础，人格权编在现行有关法律法规和司法解释基础上，对各种具体人格权作了较为详细的规定，为人格权保护奠定和提供了充分的民事请求权法律基础。人格尊严具体表现在人格平等，即每个人都能体面地、有尊严地生活，为了帮助弱势群体可以实现人格平等，需要完善国家的社会保障体系。最后是人格感受。习近平总书记2018年8月24日，在中央全面依法治国委员会第一次会议上的讲话，"让人民群众在每一项法律制度、每一个执法决定、每一宗司法判决中都感受到公平正义。"[1] 能够感受到公平正义，就是最好的人格感受。在《民法典》制定的过程中，强调不仅要坚持问题导向，还要讲体系、讲法理。不仅立法要讲法

---

① 习近平全面依法治国新理念新思想新战略十论-新华网 http：//www. xinhua-net. com/politics/xxjxs/2019-12/04/c_ 1125305262. htm

理、执法和司法也要讲法理，因为"正义不仅要实现，而且要以人们看得见的方式加以实现"。法理存在于社会生活中，只看法律条文规定没法说清楚。只有法理上说清楚了，法律上才能执行。

第二节　法律实效和法治生态

一　法律实效的含义与检视

（一）法律实效的含义

"法律的生命在于实施"。法律实效在学者们的论述中，通常有三个角度的表述：第一种侧重于法律在实际生活中的运行状态，即"发生法律效力的法律规范在实际上被执行、适用和遵守。"①第二种以法律规范的社会效果为标准，考察法律规范在实际应用过程中产生的效果，"将法律规范所规定的权利、义务转化为社会关系参加者享受权利、承担义务的实际行为，使法律规范获得实现"，这是法的实施的法律效果；"法的实施对社会产生的影响和作用"，② 这是法的实施的社会效果。法的实施效果是这两种效果的有机统一。第三种侧重法律发挥的实质效力，即"法律在时间、地域、对象和事项四个维度中所具有的实然国家强制作用力。"③尽管学者们研究的侧重点不同，但实质上是一致的，即法律实效考察的是法律关系主体对权利享有和义务履行的实际状况。具体来说，就是法律规范在执行和遵守过程中表现出来的实现状态和社会效果。"正义不仅要实现而且要以人们看得见的方式实现"，而且"法律制定后，只有最后转化为人们交往行为中对其权利和义务的实际操守，才能使其从纸上的规定转变成

---

① 沈宗灵：《法理学》，高等教育出版社 1998 年版，第 350 页。
② 郭宇超：《社会主义法的基本理论》，中国人民大学出版社 1993 年版，第 296 页。
③ 张根大：《法律效力论》，法律出版社 1999 年版，第 202 页。

人们行动中的法律。"① 法律实效是"良法"转化为"良善之法"的结果，它受到道德、习俗以及政策等其他规范的影响。

（二）法律实效的检视

马克思说："立法者应该把自己看做一个自然科学家。他不是在制造法律，不是在发明法律，而仅仅是在表述法律。他把精神关系的内在规律表现在有意识的现行法律之中。"②立法、守法与社会偏好的角度，法律执行主体（包括执法者与司法者）的偏好。法律实效所表征的是法律在其实际运作过程中所达到的结果状态，其两端分别是法律实现和法律失败。法律的实现从宏观上看，是法律得以在社会中贯彻实施；从微观上看，即法律规范所设定的权利、义务转化为社会成员现实的法律关系。法律失败就是法律在现实社会社会生活中遭遇无法实施或无法全部实施的局面，法律所设定的权利、义务全部或部分未能转化为现实的法律关系，得不到人们观念或行动上的认可。这也正是困境儿童法律保护实效的关键，需要分析是哪些因素影响了困境儿童人格权益的法律实效。

法律失败亦是法律实效未达到法律效力的预设，未能体现法律规范的内容和精神，也即法律受到了社会实践的负面影响，在社会实践中被执行和实际遵守的状况与立法者的预设效果不一致，未达到预设效果。法律失败的情形从执行效果上可以分为法律的折扣执行、法律的替换执行、法律悬浮。③。在困境儿童人格权益法律保护的过程中，法律悬浮很少出现。法律悬浮是指法律在现实社会生活中未能得以实施，是一种极端的状态，意味法律规范在实践中几乎没有产生任何正面实际效果，困境儿童的法律实效显然不是如此，更多的表现为"法律的折扣执行"或者说是"选择性执行"。法律的折扣执行，是

---

① 谢晖：《论法律实效》，《学习与探索》2005 年第 1 期。
② 《马克思恩格斯全集》第 1 卷，人民出版社 1956 年版，第 139 页。
③ 付子堂：《法社会学新阶》，中国人民大学出版社 2014 年版，第 106 页。

指立法并未得到全部的执行，而只得到部分执行或选择性执行，法律
规范所设定的权利、义务只是部分地转化为社会成员现实的法律关
系。如果《残疾人保障法》（2008 年修订）规定的"盲人持有效证
件免费乘车"的待遇，被执行为不仅要持《残疾人证》，还要有市政
府颁发的《免费乘坐证》。选择性执行是法律折扣执行中的一种特殊
情形，它是指执法者根据具体情形和自身的利益选择在一些情形下执
行法律，而在另一些情形下不执行法律。比如，家庭暴力的规范管理
政策使基层政府没有动力和精力去治理，依法行政、法律程序常常构
成了对基层政府的制约和阻碍，收养程序的复杂，孤儿认定的刻板都
成为选择性执行的诱因。

二　基于公序良俗的法治生态

根据奥地利法学家汉斯·凯尔森（Hans Kelsen）的"纯粹法学
理论"，法律效力与法律实效是应然与实然的关系即"法律效力的意
思是法律规范是有约束力的，人们应当像法律规范所规定的那样行
为，应当服从和适用法律规范。凯尔森认为，法律规范的特点就是通
过用一种强制性命令对逆向行为进行制裁的方式来规定某种行为。
"法律是一种有关人的行为的强制性秩序。"[1] 凯尔森认为，这种法律
秩序所实施的强制主要不是一种心理上的强制。法律所运用的制裁是
外在的制裁，是强制剥夺生命、自由、财产或实施某种其他被有关个
人认为是灾祸的措施。[2] 法律实效的意思是人们实际上就像法律规范
规定的应当那样行为而行为，规范实际上被适用和服从"。[3] 对于法
律实效来说，法律实效涉及的问题是法律规范是否实际地被社会民众

---

① Kelsen, *The Pure Theory of Law*, Berkeley：transl. M. Knight, 1967, p. 57.
② Kelsen, *The Pure Theory of Law*, Berkeley：transl. M. Knight, 1967, p. 35.
③ ［美］凯尔森：《法与国家的一般理论》，沈宗灵译，商务印书馆 2013 年版，
第 78 页。

遵守，而这些社会民众属于法律规范调控的范围，人们的实际行为应合乎法律规范。我们可以进一步深入探讨的问题。即对于行为人本身来说，当法律规范得到人们的遵守时，存在为何应当遵循法律规范的理由是什么？法律规范在人们的遵守下被适用和贯彻，发生法律效力，取得法律实效，而影响人们遵守法律规范的理由或根据则是其他调整人们社会行为和社会关系的社会规范，形成法律实效模式。这些社会规范如政策、习俗、道德等，对人们的行为选择同样具有控制性，能够产生规范效力。

"公序良俗"原则是民法的基本原则之一，它是由"公共秩序"和"善良风俗"两个概念构成的，与《法国民法典》统称之不同，《德国民法典》只有善良风俗而没有公共秩序的概念。事实上"善良风俗"作为社会全体成员普遍认可、遵循的道德准则，在以自由和尊严为核心的人格权益的保护中，起着无须"讼"的规范意义，它是法治文化建设的题中之义，必须得以重视。我国《民法典》"总则"第8条确立了"公序良俗"的意义，即"民事主体从事民事活动，不得违反法律，不得违背公序良俗。"《民法典》"总则"第10条进一步强调"处理民事纠纷，应当依照法律；法律没有规定的，可以适用习惯，但是不得违背公序良俗。"基于公序良俗的法治生态建设包括健全的法律法规、浓厚的法治观念，严格执法、司法公正，公民尊法、守法、用法。法治生态不仅要具有符合法治精神、规范严密的立法，还要有严格高效的执法，充分认同的守法。

（一）道德规范对内心的震慑

"明德慎刑"，法律规范并不是调整社会关系的唯一规范，存在其他调整社会关系的社会规范如道德规范、习俗规范、政策等其他社会规范，并且由于这些社会规范本身的向心力较强且外在强制力较弱，人们往往会基于对这类社会规范的内在认同而积极主动遵守。

我国关于儿童人格权益保护的规范还在不断地完善过程中，人们对法律的遵守是基于义务而遵守，还没达到法治社会中对社会民众主动自觉接受法律的程度，在困境儿童遭遇监护侵害时邻居的漠然、在困境儿童遭遇校园欺凌时旁观者的淡然、在困境儿童的不堪隐私被网络传播时网民浏览评论的坦然等，都可以看出困境儿童人格权益法律保护的实效不够。为此，道德规范的力量就需要作为补充，即通过道德的力量震慑其内心。在个人作出不道德行为时，通常会受到来自社会公众的严厉谴责，即使这一行为本身没有违反法律的相关规定。事实上，如果个人不断做出违反社会道德规范的行为，那么个人在所处的群体中将会受到来自各方的指责压力，想成为一个有道德尊严的人将会变得非常困难。道德的这些作用影响着人的良心认知，左右人的意识动机，指引人们对道德的自觉遵守。在法律实效道德模式中，在道德对人的推动力作用影响下，道德内在的良心认知驱使着人在遵循法律规范时要按照道德良心的判断。因此，道德作为法律规范得以遵守和法律规范发生实效的推动力的理由在于道德对良善价值的赞同以及道德对人的内在作用影响。在法律实效道德模式中，人们是出于自我认同的义务，而非是出于对外来强制的畏惧而遵守法律。道德决定的义务内容可以来自既有的规范包括法律规范以及主流的社会道德规范，只要其规范内容为良心所认同并被遵守。该行为人完全是处于一种义务感本身（良心的认同），而不是受外来强制的影响害怕可能因受到惩罚而改变自己的决定。总之，在道德义务的推动下，法律规范获得法律实效，仅仅是因为人们良心的认同；即人们根据自己的内在良心判断什么是善恶并据此行为，而非外来强制的影响。

（二）幼吾幼以及人之幼的习俗

有"习俗是万物之王"的法谚。立法者在制定规则时，除考虑别的因素外，还要认真对待传统习俗。如果法律规则和传统习俗冲突过于强烈，不仅规则不能得到遵守，反而可能引起逆反心理，影响法律法规的严肃性。

当然，一个社会的风俗习惯并不都是好的，比如"多一事不如少一事""各扫门前雪"等一些恶俗陋习就成为困境儿童国家监护、社会监护成效不足的重要原因。美国法社会学家罗伯特·埃里克森（Robert. C. Ellickson）也发出了类似的告诫："法律制定者如果对那些促进非正式合作的社会条件缺乏眼力，他们就可能造就一个法律更多但秩序更少的世界。"困境保护和监护侵害中邻里的作用的不发挥，以及取消监护资格后的孩子监护落实问题和侵害后的心理干预，这些问题必须得到回应。

（三）公共政策的行为导引

2021 年 1 月 1 日即将开始实施的我国《民法典》作为人民权利的宣言书和保障书，围绕基本民事权利的确立、实现、保障和救济，将民事权利法定化、具体化，以保护民事权利为出发点和落脚点。人格权单独成编，重点突出对人的生命权、健康权、名誉权、隐私权、个人信息等重要权益的保护，保障人格权益。《民法典》将社会主义核心价值观融入法治建设，坚持依法治国与以德治国相结合，注重将社会主义核心价值观融入民事法律规范，使民事主体自觉践行社会主义核心价值观，社会主义核心价值观获得了民事法律制度的支撑。法治生态的构建离不开公共政策的行为导引。公共政策促进"良善之法"的实现。《国务院关于加强困境儿童保障工作的意见》是当下国家扶持困境儿童的最重要的公共政策之一，各地区纷纷出台《实施意见》，以确保国家政策的落实。公共政策是对社会道德和优良风俗的确认，是社会问题从价值讨论层面向实践转移。

第三节　完善困境儿童人格权益保护的法律规范

习近平总书记在党的十八届四中全会《决定》提出"良法善治"

和"抓住提高立法质量这个关键";在十九大报告中又进一步提出"以良法促进发展、保障善治"的新论断,把通过"依法""科学""民主"的途径制定的"良法"作为实现"善治"和促进"发展"的前提和保证。"善治"追求和实现的和谐稳定的社会秩序;"发展"一方面是指社会经济、政治、文化、生态等方面的发展,另一方面是指个人的全面发展。对困境儿童的人格权益法律保护需要类型化,反映的正是这种基于个人发展的社会秩序的达成。

《民法总则》第128条规定:法律对包括未成年人在内的特殊人群的民事权利保护有特别规定的,依照其规定。作为我国儿童权益保护的专门法,《未成年人保护法》对新近国家出台的有关儿童保护的法律和政策应有所回应,比如对《民法总则》《反家庭暴力法》等规定内容的反映。1989年英国出台的《儿童法》就是范例,该法案几乎将英国所有关于儿童的法律结合在一起,成为当前英国最为重要的儿童保护法。我国《未成年人保护法》不能不说其表述全面,但对于家庭保护、学校保护、社会保护和司法保护的规定明显缺乏可检验性,有权利却无责任、无救济。对儿童困境缺乏类别化的区分,导致问题"悬浮",使得义务主体可以在执行中折扣式执行。法律规范是为人们设定的社会行为预期,其首要功能就是引导。为此,从确权的角度保护困境儿童的人格权益,需要完善以《未成年人保护法》为核心的法律规范,实现儿童人格权益保护法定化,明确权利的边界,使国家可以通过强制力对其进行保障。

一　家庭保护突出父母责任

《儿童权利公约》承认儿童非常依赖他或她的家庭,但也强调"父母对儿童成长负有首要责任,但各国应向他们提供适当协助和发展育儿所"(第18条),仅仅将儿童从发生虐待的家庭中带走并将他投入一个机构是不够的,被虐待、忽视或者以其他方式恶劣对待的儿童通常遭受痛苦并且需要"促进身心得以康复并重返社会的适当措施"（第39条）。儿童需要一种"能促进儿童的健康、自尊和尊严的环境"。只有当这种措施以一种专业上适格的方式进行，我们才能指望儿童免受或者从破坏性经历中康复。《预防未成年人犯罪法》第10条规定"未成年人的父母或者其他监护人对未成年人的法制教育负有直接责任。学校在对学生进行预防犯罪教育时，应当将教育计划告知未成年人的父母或者其他监护人，未成年人的父母或者其他监护人应当结合学校的计划，针对具体情况进行教育。"

我国政府正在全面加强农村留守儿童关爱保护，"决不能让留守儿童成为家庭之痛社会之殇。"要求"通过推进农民工市民化、引导扶持返乡创业就业等措施，从源头上减少留守儿童"。不论境遇如何，未成年子女的利益都应当是为人父母首要考虑的因素，父母履行责任是困境儿童人格权益得以实现的现实前提。这一责任还表现在"善待儿童"，包括对子女的陪伴和无私的呵护和帮助，底线是子女免受虐待。儿童在童年时期接受的来自家庭的安全教育、亲情教育及其他影响，在其成年之后仍然发挥效能。同时，家庭是儿童最强有力的支持力量，家庭细致的照顾可以帮助儿童避免意外侵害，或者在面对侵害时能够做出正确的反应保护自己；儿童如果信任家长并且能够获得及时的帮助，他们会把身边的环境异常及时告诉给家长，进而制止侵害儿童事件的发生。

（一）在《未成年人保护法》中突出父母责任

因为父母监护缺位、监护不当、滥用监护使儿童陷入"困境"的现象比较普遍。遵循儿童利益最大化原则，国家行使对儿童成长的监督干预的公权力，协助家庭履行照顾儿童的义务，赋予父母独立行使具有照顾权性质的教养保护儿童的监护权，这一民法制度被归纳为父母照顾权制度，是大陆法系国家"亲权"制度的现代发展，即从"控制"到"照顾"的转变，对我国儿童监护制度的设计有积极的启示。完善监护和抚养制度，必须确立父母是孩子的第一监护人。《民法总则》在第二章"自然人"中，在强调了"自然人的民事权利能力一律平等"的基础上，将我国关于限制民事行为能力人的年龄由10周岁下调到8周岁，规定8周岁以上的儿童是限制民事行为能力人，可以独立实施纯获利益的民事法律行为或者与其年龄、智力相适应的民事法律行为。限制民事行为能力人年龄的下调是从赋予儿童积极权利的角度出发的，丝毫没有削弱父母对儿童监护的责任。在《民法总则》第二章专设"监护"一节，将父母与其他监护人区别开来，其中第26条明确"父母对未成年子女负有抚养、教育和保护的义务。"第27条明确"父母是未成年子女的监护人"，其他人只有在"未成年人的父母已经死亡或者没有监护能力的"的时候才能按法定顺序担任监护人。

作为我国"儿童法"的《未成年人保护法》需要把《民法总则》的监护精神在修订中予以表述。当前，《未成年人保护法》虽然强调了父母或者其他监护人对儿童的照顾责任，规定："父母或者其他监护人不依法履行监护职责，或者侵害未成年人合法权益的由其所在单位或者居民委员会、村民委员会予以劝诫、制止；构成违反治安管理行为的，由公安机关依法给予行政处罚"，但是仍然没有突出父母的责任。事实上，父母责任由"亲权"演进而来，德国《民法典》、英国《儿童法》、澳大利亚《家庭法改革法案》等都以"父母责任"取代了"父母权利"或"监护权"，表明了立法意识的重大变革，反应了先进的儿童保护意识。多数困境儿童来自功能失调的家庭，无论是基于成员间的健康问题、经济问题，还是成员间的情感冲突，都会造成不良的互动模式。当家庭亲近的、排他的和谐氛围被打破后，夫妻双方在冲突上投入更多精力，作为父母对于共同子女的关注合力降低，常常在照顾未成年子女生活时，产生困难或造成疏忽，甚至对儿童实施暴力，使儿童转瞬间从家中的"宝贝"沦为"累赘"，给儿童身心造成难以愈合的创伤。《未成年人保护法》应在家庭保护规定中，进一步明确"供养""照顾""陪伴""教育""保护"等父母责任，特别是应区别"父母责任"与"监护人责任"，提升父母在儿童成长中的特殊价值。配合《未成年人保护法》"家庭保护"的落实，《民法典》"婚姻家庭编"也应完善对儿童的保护，在调节婚姻中的夫妻关系的前提下，加大关注未成年子女的内容，提升儿童在家庭中的主体地位，使婚姻与子女照顾相结合，提高忠于家庭和婚姻，提高婚姻神圣的认可度，因为稳定和谐的婚姻关系是子女获得父母尽心照顾的前提。《民法总则》实施后，"父母是未成年子女的监护人"进一步明确，但是但是法律中没有更进一步明确如果父母监护义务或者抚养义务不到位，给孩子造成了伤害应当如何处理。我们需要以制度的形式来规范父母对孩子的监护和抚养义务，以此来保障孩子的权利能够在法律的规范内行使。①

（二）在《民法典》"婚姻家庭编"中突出免受虐待

我国反家庭暴力法没有将儿童家庭暴力与其他成员间家庭暴力区别开来。儿童家庭暴力不应当被掩盖在具有普适性的家庭暴力含义之下。《最高人民法院关于适用〈中华人民共和国婚姻法〉若干问题的解释（一）》第1条给"家庭暴力"下的定义是：行为人以殴打、捆绑、残害、强行限制人身自由或其他手段给家庭成员的身体、精神等方面造成一定伤害后果的行为。同时强调"持续性、经常性的家庭暴力构成虐待。"我国缺少独立的预防儿童家庭暴力立法是监护侵害行为屡禁不止的原因之一。《未成年人保护法》应把《反家庭暴力法》的相关内容修订到儿童保护的条文中，使家庭保护有的放矢。《婚姻法》第15条、第17条规定："父母对未成年子女有抚养教育的义务。""父母有管教和保护未成年子女的权利和义务。""家庭暴

---

① 赵敏等：《单亲家庭抚养纠纷的法律问题》，《学海》，2005年第6期。

力和虐待遗弃问题"，事实上主要根源于家庭成员间的扶养扶助和监护义务履行的非自愿性，以及扶养扶助和监护义务履行的方式问题。① 为此，应借民法典编撰的契机，在《民法典》"婚姻家庭编"中将家庭成员间的扶养扶助和监护规范的完善，作为一个重要方面的内容。修订现行《婚姻法》以结婚、婚姻关系、离婚和法律救济的以婚姻存续历时性的规定，突出"家庭"保护的意义，特别是突出儿童作为婚姻家庭法保护主体的地位，而不是现行的父母婚姻的附属物。即从强调两性的"婚姻"转移到强调家庭成员平等权益保护的"家庭"。法律对其履行监护职责很少限制，也没有设立监护机关予以监督，造成实践中儿童权益保护存在严重误区和保护功能的制度缺陷，导致很多儿童陷入家庭保护的"困境"。

在本书第二章《困境儿童人格权益损害的实证分析》中例举了案件"情绪失控杀死幼儿，平静地骗过所有人"②。该案中受害儿童似乎不属于困境儿童，但是，人们发现在整个事件中孩子的父亲始终没有出现，并且作为犯罪嫌疑人的孩子母亲刚刚生完第 2 个孩子，是否仍处于产后抑郁阶段还需要心理测评。这一案件使得对儿童的生命健康权保护与"二胎"政策的实施关系又变得更复杂。另外的几个案件表现出共性：虐待多发生在家庭结构不稳定，比如单亲家庭、流动人员家庭、留守儿童中，特别是在偏远山区或城中村，孩子遭受虐待的比例较大，受虐待的程度也更为严重。法律规范人们的行为和社会关系，不仅仅通过禁止、制裁、处罚手段，特别是在婚姻家庭领域内，更多的还是要通过倡导、预防纠纷发生的手段。法律需顺应现实，主张家庭成员间的抚养扶助和监护。

《民法典》"婚姻家庭编"应在"家庭关系"中对当下婚姻观念

---

① 王歌雅：《扶养与监护纠纷的法律救济》，法律出版社 2001 年版，第 2 页。
② 见本文第二章第一节的案例"情绪失控杀死幼儿，平静地骗过所有人"。

淡泊、家庭功能弱化的现实做出回应，对失去父母或者父母无力或不适格状态下的儿童扶养、监护、收养或替代监护做出规定，保障困境儿童的人格权益。针对当下监护人不尽责的实际，在《民法典》"婚姻家庭编"中将"监护"和"收养"条文单列，以彰显撤销监护人资格后的保障措施。

（三）家事诉讼是保护儿童利益的最后一道正义防线

司法保护是儿童利益保护体系的有机组成部分，儿童的不利境遇与原生家庭的变异和解体直接相关。"家事诉讼是保护儿童利益的最后一道正义防线"。① 家庭亲人之间关系的变化改变了儿童对生活的认知或认知期待，对年幼的儿童来说本身就是一种伤害。家事诉讼作为民事司法的特殊领域，有必要设置特殊的程序规则，保护儿童不受侵害。

离婚直接导致儿童原生家庭的破裂或解体，进而使得原有的家庭结构、家庭环境、生活方式、亲子抚养模式等发生深刻变化，如原先由父母共同抚养的亲子模式转变为父或母单方抚养模式；可能随父或母搬迁到一个陌生的环境；可能有继父或者继母这样的新家庭关系产生等等。父母在离异之后获得了解放，儿童却在毫无准备的情况下，突然被卷入到这样的后果中，其生理、心理、情绪的失衡或者不适应在所难免。② 基于儿童利益的特殊性，除了在实体法上构建对儿童利益进行特别保护的制度之外，在诉讼程序上也应当作出特别规定，如在离婚、亲子、监护、抚养等涉及儿童的家事诉讼中采纳非公开、非对抗的温情审判方式聆听适龄儿童意见，构建中立的诉讼代理人制度。《民事诉讼法》第 57 条规定："无诉讼行为能力人由他的监护人作为法定代理人代为诉讼。法定代理人之间互相推诿代理责任的，由

---

① 陈爱武：《家事诉讼与儿童利益保护》，《北方法学》2016 年第 6 期。
② 陈爱武：《家事诉讼与儿童利益保护》，《北方法学》2016 年第 6 期。

人民法院指定其中一人代为诉讼"，《关于依法处理监护人侵害未成年人权益行为若干问题的意见》针对监护侵害的现实，赋予邻居、教师、医生等其他人也有举报的职责，是对儿童权益的事实保护。为家事诉讼中的儿童代言，保护儿童独立的自身利益，防止儿童受到来自诉讼中父母或其他亲人的伤害；对涉及儿童亲权或监护权的事件，提供专门的法院调查或者委托调查，根据调查结果斟酌确定亲权人或监护人的归属；对因家事纠纷而遭遇心理伤害的儿童提供心理辅导和社会观护等。

《未成年人保护法》第 52 条第 2 款规定"人民法院审理离婚案件，涉及未成年子女抚养问题的，应当听取有表达意愿能力的未成年子女的意见，根据保障子女权益的原则和双方具体情况依法处理。"尽管落实了儿童参与权的保护即"应当听取有表达意愿能力的未成年子女的意见"，那么对于没有表达意愿能力的儿童如何反映其利益呢？这里应增加"没有表达意愿能力的儿童需有中立的诉讼代理人为其代言。"对于对儿童实施虐待的父母或其他监护人，《未成年人保护法》第 53 条规定："父母或者其他监护人不履行监护职责或者侵害被监护的未成年人的合法权益，经教育不改的，人民法院可以根据有关人员或者有关单位的申请，撤销其监护人的资格，依法另行指定监护人。被撤销监护资格的父母应当依法继续负担抚养费用。"这一规定是否为不尽责父母提供了"不尽责"的机会？如何惩治不负担抚养费用的父母？法律缺乏可操作的回应。作为儿童保护的基本法，需要把《关于依法处理监护人侵害未成年人权益行为若干问题的意见》和《反家庭暴力法》的相关内容反映出来，使困境儿童人格权益的司法保护有的放矢。

二　社会保护更新监护理念

困境儿童的"困境"主要表现在"幼无所护"。监护缺失、监护不力越来越成为严重的社会问题，国家监护保护困境儿童有"家"可归。

贵州毕节发生了一件"一家5个孩子一起喝下剧毒农药"的事件。这5个孩子的母亲早已因为家庭贫困而出走，父亲外出打工几个月不回家一次。最年长的哥哥11岁，性格内向，对弟妹很严厉。最终在哥哥的要求下，他们以这种令人悲伤的方式告别了这个缺乏关爱的家。毕节是我国众多贫困及外出务工人员众多的地方之一。贫困人口多，人口文化水平低，家庭对子女的重视程度也不足。早在"5孩子喝农药"事件发生的前三年，毕节还发生了一起"躲在垃圾箱取暖的5名流浪儿童中毒死亡"事件。事发后，网友留言"天堂是温暖的家，不必再流浪。"在5个幼小的生命背后还有那么多流浪儿童和他们一样没有家的温暖和亲人的关爱，流浪在街头，随时都处在被恶势力胁迫的危险境遇中。他们今天被家庭和社会所以期，明天他们会以怎样的冷酷对待这样的家庭与社会？

《关于加强和改进流浪未成年人救助保护工作的意见》，要求帮助流浪儿童及时回归家庭，并强调了救助机构要对流浪儿童家庭的监护能力进行评估，对于确实无力抚养的家庭，由救助机构协助委托他人代为监护；对于有能力却不履行监护责任的，可向人民法院申请撤销监护人资格，依法另行指定监护人。但是，由于"代为监护"和"另行指定监护人"在我国当前的社会救助实践中还很难实现。现有的流浪儿童救助与保护机构、设施及人员不足，缺少全国性的儿童福利机构，导致通常仅仅停留在把流浪儿童送回家的层面，使得"撤销监护人资格"的惩罚流于形式，因此，"屡送屡返"现象很普遍。因此，迫切需要国家尽快建立强有力的儿童保护综合机构，将流浪儿童纳入孤儿保障、特困人员救助供养范畴，由儿童福利机构抚养使流浪儿童有"家"可归。

（一）国家监护保障困境儿童的生命健康权益

针对孤儿、弃儿以及遭受监护侵害的儿童，仅仅依靠对亲属的指定来实现监护，有时并不能改善儿童的处境，亲属的"不情愿"监护可能成为新的监护侵害的源头。为此，需要调整监护人的范围。随着我国慈善及公益事业的发展，有监护意愿和能力的社会组织增多，由这些组织担任监护人可以作为家庭监护的有益补充，也可以缓解国家监护的压力。但是社会监护只能是补充，国家始终是困境儿童监护的保障。对于服刑人员、强制隔离戒毒人员的缺少监护人的未成年子女，执行机关应当为其委托亲属、其他成年人或民政部门设立的儿童福利机构、救助保护机构监护提供帮助。对于依法收养儿童，民政部门要完善和强化监护人抚养监护能力评估制度，落实妥善抚养监护要求。《民法总则》第32条规定："没有依法具有监护资格的人的，监护人由民政部门担任，也可以由具备履行监护职责条件的被监护人住所地的居民委员会、村民委员会担任。"进一步强调了民政部门的国家监护职责。与之前《民法总则》关于无监护人的未成年人由其父母所在单位或者住所地的居委会、村委会或者民政部门担任监护人相对比，《民法总则》把民政部门的监护放在主要位置，没有依法具有监护资格的未成年人首先是被民政部分监护，国家为其成长提供护佑，使以孤儿为代表的失护的困境儿童的以生命健康权为基础的人格权益得到真正的保护。监护制度的主要功能是对包括未成年人在内的无民事行为能力人和限制民事行为能力人的民事行为能力的弥补。《民法总则》特别提出，监护人的监护资格被撤销后，除对被监护人实施故意犯罪的外，确有悔改表现的，法院可在尊重被监护人的真实意愿的前提下，视情况恢复其监护人资格，为亲子关系的恢复提供可能。

我国现行对未成人监护权的法律保护，以《民法总则》为中心的监护权的相关法律规定，形成了以《继承法》《婚姻法》等若干单行法和相关司法解释为补充的法律框架，共同构成我国未成年人监护的法律制度。除《民法总则》和《未成年人保护法》外，有关单行相关规定还对农村留守儿童监护法律制度提供了相关规定。《未成年人保护法》第 43 条对流浪乞讨等生活无着未成年人实施临时救助的机构和部门进行了规定，要求"及时通知其父母或者其他监护人领回"。"对孤儿、无法查明其父母或者其他监护人的以及其他生活无着的未成年人，由民政部门设立的儿童福利机构收留抚养。"没有对返家后继续遭受虐待的儿童的进一步救助做出规定，没有对《依法处理监护人侵害未成年人权益行为若干问题的意见》中提出的问题做出回应。

同样，第 49 条规定"未成年人的合法权益受到侵害的，被侵害人及其监护人或者其他组织和个人有权向有关部门投诉，有关部门应当依法及时处理。"依然没有考虑到监护人可能对儿童的侵害，当监护人侵害儿童权利的时候谁来帮助报告和投诉，需要补充到"社会保护"中来。国家对亲子关系的干预首先表现为对自然亲权进行限制，剥夺了家父对于家子的杀害权，然后剥夺其出卖权，以此保持国家的人力资源不受损害；其次，在自然亲权缺失或不足时以国家亲权补充这一缺失，表现为设立机构扶持孤幼，设立官选监护、保佐制度保障儿童的健康成长。①

发挥国家监护的作用，对家庭监护进行儿童伤害风险监测和风险干预，为儿童提供伤害预防的服务，国家在儿童和家庭所在的社区环境中建立困境儿童服务体系。从国家监护的角度，对困境儿童的"事实困境"给予干预，教师、邻居、医生等儿童侵害事件可发现者，发现儿童伤害事件，应立即报案，派出所立即出警，果断将儿童带离侵

---

① 徐国栋：《普通法中的国家亲权制度及其罗马法根源》，《甘肃社会科学》2010 年第 1 期。

害人，对儿童提供伤害评估，并为其提供相应的紧急庇护或替代生活照料、经济支持以及医疗、心理康复、行为矫正等治疗服务，包括惩治侵害人的法律援助。对困境儿童的"风险困境"提供伤害预防服务。把留守儿童、流动儿童、服刑人员子女等困境儿童纳入风险监测系统，定期走访和评估其实际监护状况，对监护不力和不当的状况进行干预，确保其生活安全和成长健康。《关于依法处理监护人侵害未成年人权益行为若干问题的意见》中的相关规定，应当落到实处。

（二）国家作为困境儿童的代理人行使反报道请求权

名誉权作为人格权的重要组成部分受到各国法律的保护。三大人权宣言分别对名誉权予以宣示和保护，人人享有名誉、人格尊严不受侵犯的权利，禁止用侮辱、诽谤等方式损害人的名誉。我国《宪法》第 38 条赋予我国公民不容侵犯的人格尊严，"禁止用任何方法对公民进行侮辱、诽谤和诬告陷害"，用间接的形式对以人格尊严为基础的名誉权予以保护。20 世纪 90 年代以来，最高人民法院依据维护人格尊严的基本精神，先后出台了《关于确定民事侵权精神损害赔偿责任若干问题的解释》和关于侵害名誉权的司法解释，为公民名誉权的保护提供现实依据。运用反报道请求权保护处境不利儿童名誉权是有效路径。儿童的名誉感可以敏感地觉知自己的社会评价，并启动维护机制。国家委托学校和家庭作为"代理人"维护儿童的名誉感正是儿童人格权请求权的重要内容。

《民法典》侵权责任编明确界定网络侵权责任，第 1194 条规定"网络用户、网络服务提供者利用网络侵害他人民事权益的，应当承担侵权责任。"第 1195 条规定"网络用户利用网络服务实施侵权行为的，权利人有权通知网络服务提供者采取删除、屏蔽、断开链接等必要措施。通知应当包括构成侵权的初步证据及权利人的真实身份信息。""网络服务提供者接到通知后，应当及时将该通知转送相关网络用户，并根据构成侵权的初步证据和服务类型采取必要措施；未及时采取必要措施的，对损害的扩大部分与该网络用户承担连带责任。权利人因错误通知造成网络用户或者网络服务提供者损害的，应当承担侵权责任。"

我国依法加强社交网站监管惩治网络暴力。儿童因为浏览不良信息网站，沉迷其中，又不堪被发现的困扰，一旦被同学和老师发现就陷入名誉危机，所以国家需要在网络媒体规范上，作出努力。近年来，青少年成为网络暴力的最大受害者。很多社会专家呼吁，网络不应该成为法律的盲区。在加强立法打击网络暴力的同时，还应帮助青少年抵制网络不良内容、不沉迷于网络，有效帮助青少年远离网络暴力的威胁。《民法总则》第111条规定了包括未成年人在内的民事权利有特别保护规定的，依照其规定，宣示了儿童利益最大化的立法原则。的确在《世界人权宣言》的基础上，联合国特别针对儿童权益保护制定了《儿童权利宣言》《儿童权利公约》。为此，在民法的一般保护的前提上，需要注重《未成年人保护法》学校保护和社会保护的意义。规范网络对儿童的侵害是保护的重要领域。我国针对侵犯名誉权采用过错责任原则，即侵权人侵犯名誉权时存在主观过错。主观心理状态包括故意和过失两种形式，侵权人进行侵权行为活动及造成侵权行为的结果时的主观心理状态即主观过错。故意主观心理状态是指新闻人明知新闻事件中侵犯公民名誉权仍故意发布。这种情况主要包括：新闻本身是虚假的、不应该公开的。在这两种情况下，为了煽动观众或提高收视率，一些新闻媒体选择了一些热点的新闻报道，但没有寻求足够的证据来过度追求新闻传播并故意忽视新闻的真实性。此外，还有其他意图的新闻人故意这样做。由于新闻媒体的过失侵犯了公民名誉权在这类案件中占很大比例，一般表现为审查不够严谨而发布了欠佳的言论或披露他人隐私的新闻。承担责任的必要要件是新闻媒体主观有过错，原则上没有过错就是没有责任。如果新闻媒体没有错，即使受害者的名誉权受损，新闻媒体也可能不承担责任。

受害者完全承担新闻媒体有过错的举证责任显然是困难的，因此，当受害者（尤其是困境儿童）难以证明新闻媒体有过错时，可以反之证明正受到伤害，由加害人证明自身没有过错，如果加害人无法证明，则推定其有过错。《民法典》第 1197 条规定"网络服务提供者知道或者应当知道网络用户利用其网络服务侵害他人民事权益，未采取必要措施的，与该网络用户承担连带责任。"

三　司法保护注重对违法犯罪儿童的矫正

《民法总则》在对困境儿童人格权益司法保护中的"最大亮点"是规定了未成年人遭受性侵害的损害赔偿请求权的诉讼时效期间，自受害人年满 18 周岁之日起计算。也就是说，如果儿童遭遇了性侵害，即便因年幼没有主张自己获得民事赔偿的权利追究侵害方的责任，年满 18 周岁后仍可以进行诉讼，追究侵害方责任。相对于"受害人"的司法保护，年幼的"侵害人"的司法保护基于儿童的特殊性也需要得到确立。司法保护应当注重对违法犯罪儿童的矫正，因为这一经历也使得他们成为另一类"困境儿童"。

"困境"常常是儿童走向犯罪道路的原因。身处困境的儿童，由于缺乏家庭的有效保护和教育，在社会上一些不良因素的影响下，容易实施犯罪行为。但由于儿童的未成熟的生理、心理特点，他们又容易在亲人和教师的感化下接受教育重新生活和学习。所以，《未成年人保护法》第 54 条规定了司法机关处理未成年人犯罪的原则和方针："对违法犯罪的未成年人，实行教育、感化、挽救的方针，坚持教育为主、惩罚为辅的原则。"

（一）防范儿童成为恶性案件的制造者

2018 年 11 月陕西省神木市 6 名未成年人故意杀害初中女生案；2018 年跨年夜，湖南省衡南县三塘镇 13 岁少年锤杀亲生父母案；2019 年 3 月四川雅安 3 名少年抢劫不成杀死被害人案。这些未成年人行凶案件，使人们对"罪错儿童"减免刑事处罚产生了质疑。降低刑事责任年龄的呼声日渐强烈。在此情形下，仍然要坚持从未成年人的身心不成熟角度出发特殊对待未成年人犯罪。

我国现行的"限制死刑适用"，对未成年人禁止适用死刑具有合理性。我国刑法对未成年人的政策是"教育为主，惩罚为辅"，降低刑事责任年龄不符合儿童利益最大化的保护原则。当务之急是防范未成年人成为恶性案件的制造者。"罪错儿童"的产生是有过程的，有一个从行为良好到行为不良再到严重行为不良最后到犯罪的过程，通常是不良的外界诱惑和自身的"控制力差"共同作用的结果。所以，作为儿童的三重生活环境的家庭、学校和社会就要负起责任来。《预防未成年人犯罪法》第2条"预防未成年人犯罪，立足于教育和保护，从小抓起，对未成年人的不良行为及时进行预防和矫治。"第5条"预防未成年人犯罪，应当结合未成年人不同年龄的生理、心理特点，加强青春期教育、心理矫治和预防犯罪对策的研究。"对"严重不良行为"不姑息，严格执行《预防未成年人犯罪法》第38条，对因未满16周岁而不予刑事处罚的未成年人，在必要的时候，也可以由政府收容教养。

（二）对于未成年人的犯罪案件，法院不能进行公开审理

公开审判是一项审判原则，也是一项重要的审判工作制度。"公开"就是对社会公开，对于开庭审判的全过程除合议庭评审外，都允许公民旁听，允许新闻记者采访和报道。《刑事诉讼法》第274条规定："审判的时候被告人不满18周岁的案件，不公开审理。但是，经未成年被告人及其法定代理人同意，未成年被告人所在学校和未成年人保护组织可以派代表到场。"这一司法保护有力地维护了违法犯罪儿童的名誉权和隐私权，为他们日后改过自新创造了机会。

（三）人民法院应当在刑事审判庭中设立少年法庭

被告人犯罪时不满18周岁；共同犯罪案件中，首要分子或者主犯犯罪时不满 18 周岁，或者半数以上的被告人犯罪时不满 18 周岁，其案件由少年法庭受理。少年法庭中应当有女审判员或女人民陪审员。贯彻强行辩护的原则。为了充分保障未成年犯罪嫌疑人、被告人所享有的诉讼权利。《刑事诉讼法》第 267 条规定："未成年犯罪嫌疑人、被告人没有委托辩护人的，人民法院、人民检察院、公安机关应当通知法律援助机构指派律师为其提供辩护。"不披露个人信息与犯罪记录封存。《未成年人保护法》第 58 条规定："对未成年人犯罪案件，新闻报道、影视节目、公开出版物、网络等不得披露该未成年人的姓名、住所、照片、图像以及可能推断出该未成年人的资料。"新闻媒体言论自由权的克减，有利于保护失足儿童的隐私权和名誉权，有利于其改过自新，重新走向社会。

《预防未成年人犯罪法》规定，犯罪时不满 18 周岁，被判处 5 年预期徒刑以下刑罚的，应当对相关犯罪纪律予以封存。除司法机关为办案需要或者有关单位根据国家规定进行查询外，不得向任何单位和个人提供。未成年犯管教所不得公开和传播未成年犯的档案材料，不得向与管理教育或办案无关的人员泄露。

第四节　法治文化建构守法自觉

法律实效研究的意义在于厘清遵守法律规范的推动力有哪些，以及法律遵守与其他社会控制力量的关联。"法治文化是指历史进程中积累下来并不断创新的有关法治的群体性认知、评价、心态和行为模式的总汇。"[1] 对人们实施法律行为时的利益考量和价值判断等因素

---

[1]　张文显：《法治的文化内涵—法治中国的文化建构》，《吉林大学社会科学学报》2015 年第 4 期。

进行理性分析，能够发现人们遵守法律规范的根据是人们来自内心良心的认同（道德）、人们长久以来遵循的风俗习惯、政策的导向指引等条件。社会的良好运转，依赖于人们对法律的遵守，也依赖人们对其他规范如道德良心、公平公正的遵守。"法令既行，纪律自正，则无不治之国，无不化之民"。"奉法者强，则国强；奉法者弱，则国弱"，必须发挥好道德的教化作用，必须以道德滋养法治精神、强化道德对法治文化的支撑作用，学校教育的作用是必须重视的。

"良法"必须转化为人们内心自觉才能真正为人们所遵行。"不知耻者，无所不为。"习近平总书记深刻指出，没有道德滋养，法治文化就缺乏源头活水，法律实施就缺乏坚实社会基础。"儿童的权利实践经历在某种程度上塑造了儿童的权利认知"① 儿童是成长过程中的人类，儿童的弱势地位需要成人社会为其提供特殊的保护，儿童发展着的自由意志也需要在权利实践过程中逐渐成熟，法律和道德共同为儿童权利提供依据，随着社会的进步，儿童的道德权利不断地上升为法律权利得到更有利的保护。

同时，法律权利转化为民众的道德观念，提升着儿童的道德地位。预防是最好的救济，预防儿童犯罪的教育的目的，是增强儿童的法制观念，使儿童懂得违法和犯罪行为对个人、家庭、社会造成的危害，违法和犯罪行为应当承担的法律责任，树立遵纪守法和防范违法犯罪的意识，养成人权文化和规则文化。国家、社会、学校和家庭应当教育和帮助未成年人维护自己的合法权益，增强自我保护的意识和能力，增强社会责任感。培育关心和爱护困境儿童的社会公德、培育尊重学生人格权益的教师职业道德、培育照顾儿童的家庭美德、培育"尊重自己为人，进而尊重他人为人"的个人品德，提高全民族思想

---

① 宫秀丽：《从受保护权利到自主权利—西方儿童权利研究的理念与实践》，《青少年犯罪问题》2016年第2期。

道德水平，为依法治国创造良好的法治文化和人文道德环境。落实保护儿童人格权益工作的基本原则，即尊重儿童的人格尊严、适应儿童身心发展的规律和特点、教育与保护相结合。

一　人权文化和规则文化的养成

"天下之事，不难于立法，而难于法之必行。"习近平总书记指出："人民权益要靠法律保障，法律权威要靠人民维护。使全体人民都成为社会主义法治的忠实崇尚者、自觉遵守者、坚定捍卫者，使尊法、信法、守法、用法、护法成为全体人民的共同追求。"[①]维护儿童的权利主体地位，把体现儿童利益、反映儿童愿望、维护儿童权益、增进儿童福祉落实到社会主义法治国家建设中来，实现儿童权益最大化，构建尊重、保护和实现儿童人格权益的法治文化。

（一）以《预防未成年人犯罪法》的普及推定未成年人规则文化

法治中国的文化建构要以培育规则文化作为切入点和突破口。规则是关于人们的权利、义务和责任的宣告。法律规则是法律体系的核心要素，它由国家制定或认可的、由国家强制力保证实施的规范。"法律政令者，吏民规矩绳墨也。"（《管子·七臣七子》）

法治的首要任务是构建法律秩序和社会秩序。秩序的存在是人们生存、生活、生产活动的必要前提和基础。培育"规则文化"是我国法治建设的当务之急。虽然法律体系已经形成，但由于普遍缺乏规则文化，法律规则经常成为摆设，法律实施状况堪忧。无论在直观上，还是参照评估数据，我国法律被遵守的情况都低于世界的平均水平。[②]培育规则文化，要在全体人民之间深入持续地开展学法、懂

---

① 习近平：《加快建设社会主义法制国家》，《求是》2015 年第 1 期。

② 张文显：《法治的文化内涵—法治中国的文化建构》，《吉林大学社会科学学报》2015 年第 4 期。

法、尊法、守法、用法的教育和实践，推动全社会树立法治意识、权利义务观念。制定规则、建构规则体系，并不困难。改革开放以来，我国用 30 多年的时间制定了多部多部保护儿童的法律、国务院出台保护《困境儿童保护条例》、《留守儿童保护条例》等多部行政法规、各地出台保护儿童的地方性法规和实施细则，以及教育部、公安部、民政部等部分出台的规章不能不说全面、细致。但要让全体人民树立尊重和保护困境儿童人格权益的法治观念、养成规则意识、形成遵守规则的习惯，可能需要更长的时间。只有规则文化在全社会形成，法治才会焕发出勃勃生机。

2013 年 1 月 1 日实施的新的《中华人民共和国预防未成年人犯罪法》基于"预防未成年人犯罪，立足于教育和保护，从小抓起，对未成年人的不良行为及时进行预防和矫治"的理念，试图在未成年人中形成守法的规则文化。学校对《预防未成年人犯罪法》的宣传和讲解，如果能够深入学生心中，将有效地减少校园欺凌和网络暴力，减少司法成本，维护儿童身心健康。

（二）人权文化谴责随意打骂儿童

人权是指人作为人应当享有的、不可剥夺、不可转让的权利。人权是那些直接关系到个人得以维护生存、从事社会活动所不可缺少的最基本权利，如生命安全、人身自由、人格尊严、基本的社会保障等。人权是权利和义务的统一，每个主体的人权都是平等的，每个人在享有权利的时候，都必须尊重和维护别人的权利，而不能亵渎、侵犯或剥夺别人的人权。否则，他自己的人权也会被亵渎、遭到侵犯或剥夺。人权同时具有法律性质和道德性质，人权既是法律权利，也是道德权利，因而人权不仅包括法定权利，也包括应有权利。在经济改革和社会转型过程中，不可避免地会出现社会弱势群体。社会弱势群体的利益本质上属于人权范畴。当我们把弱势群体的利益上升到人权的高度，就会倍加关注和重视他们的处境，增强改善他们处境的法律意识和宪法责任。在宪法和法律面前，对弱势群体的人权关注和保护，是应有的道德关怀和福利救济。

我国各地频频发生侵害儿童人身自由、人格尊严、通信秘密、以至生命、健康等基本人权的事件。施暴者竟然是父母、监护人、老师等儿童最亲近的人。当惩罚施暴者时，施暴者和旁观者竟然委屈和不平，认为"孩子不听话，打骂是应该的"。显然，人权文化在人们头脑中还没占据应有的位置。事实上，儿童作为一个独立的权利主体，从其出生就享有生命权、健康权、名誉权、隐私权等人格权益，人格权的义务主体是除了权利主体自身之外的一切人，父母虽然作为未成年子女的法定监护人，但是其也必须尊重儿童的人格权益，不得侵犯儿童的生命、健康、名誉、隐私等利益，否则就要承担相应的民事责任或者是刑事责任。《未成年人保护法》第 10 条规定："父母或者其他监护人应当创造良好、和睦的家庭环境，依法履行对未成年人的监护职责和抚养义务。""禁止对未成年人实施家庭暴力，禁止虐待、遗弃未成年人，禁止溺婴和其他残害婴儿的行为，不得歧视女未成年人或者有残疾的未成年人。"所以，父母不仅不能够随便打骂儿童，而且还有义务为儿童提供健康的生活环境，以及促进其身心发展的教育，维护儿童生而为人的人权。儿童遭遇虐待有着深层次的社会原因。社会对儿童虐待抱持某种无意识的赞许态度，如传统的"打是亲，骂是爱"或"不打不成器"的教育观念，使得各类体罚教育形式仍盛行于整个社会。社会救助体系不健全。这主要体现在儿童保护的社会干预与支持体系不健全，如儿童虐待的举报电话，专门人员的举报义务，以及受虐儿童的替代安置措施等。我国尚未建立起一套包括从发现、报告、甄别、救助、回归社会的儿童虐待处理机制。恃强凌弱的不良风气，受社会分层、贫富悬殊等现实社会建构的影响，一些富裕家庭的儿童会欺负打骂贫穷家庭的儿童。

二　法治教育促进法治文化认同

法治思维和法治习惯是一个群体法治文化重要的表现形式，法治教育是其获得的手段之一。法治文化认同是提升法律实效的基础，而法治文化认同的基础是法治教育。法治教育是形成全社会的法治共识，实现价值观上的共建共享的载体。只有通过这一"载体"，才能实现"官方"和"民间"——"两个舆论场"的共生，实现"共建共享治理格局"的法治生态，形成价值共识和法治共识。① 法治教育的阵地不仅仅局限在学校里，社区、工作组织都是重要的组成部分。社区组织和工作组织社会组织能够通过其业务活动，发挥"对其成员的行为导引、规则约束、权益维护作用"，② 通过其组织化的理性协商机制和自律精神，来推动法治化秩序的形成。人们对于法律的遵守，可以由态度和行为的关系理论来解释，当态度和行为一致时，即人们认同法律规范并自觉遵守法律，法律执行就更顺畅。但是，这并不意味着态度和行为发生冲突时，执行就会终止。事实上，态度和行为发生冲突时，会引发"失调"，人们看到的最终行为是失调调整后的结果。"法律被遵守"就是一种被调整后的"失调"，即人们由于畏惧"法律的强制性"和制裁被迫服从法律，这种被动的服从，会在不断被其他社会规范的支持下转变为个人的遵从，直至认同。所以，法治教育在法治文化认同中有所作为。

（一）加强社区居民法治教育

"邻里守望"是传统美德，社区居民人人都应该负起"关爱困境儿童"的责任。如前文在案例分析中提到的发生在 1993 年的"单身

---

① 马长山：《从国家构建到共建共享的法治转向—基于社会组织与法治建设之间关系的考察》，《法学研究》2017 年第 3 期。

② 《中共中央关于全面推进依法治国若干重大问题的决定》，《人民日报》2014 年 10 月 29 日第 1 版。

无业母亲烫死女童"案。让人们认识到"邻里观望"是怎样使得本可避免的悲剧发生的。"小苏丽"受虐在她所居住的小区是尽人皆知的，邻居们可怜她，只是偷着喂点饭，派出所居委会也曾多次上门调解，但是没人提出把她带离开精神不正常的母亲。社区居民缺乏法治意识和观念，不认为"举报"是公民应当履行的义务。《关于依法处理监护人侵害未成年人权益行为若干问题的意见》实施已经 3 周年，但是经由邻里举报、派出所即刻出警解救下的遭遇监护侵害的儿童还不多。人们对《关于依法处理监护人侵害未成年人权益行为若干问题的意见》的内容知之不多，不了解"对于疑似患有精神障碍的监护人，已实施危害未成年人安全的行为或者有危害未成年人安全危险的，其近亲属、所在单位、当地公安机关应当立即采取措施予以制止，并将其送往医疗机构进行精神障碍诊断。""公安机关在出警过程中，发现未成年人身体受到严重伤害、面临严重人身安全威胁或者处于无人照料等危险状态的，应当将其带离实施监护侵害行为的监护人，就近护送至其他监护人、亲属、村（居）民委员会或者未成年人救助保护机构，并办理书面交接手续。"法治教育的场域绝不仅仅是学校，法治教育的对象也不仅局限在学生。在建设法治中国的过程中，社区法治教育是根基之一，只有邻里都知法懂法护法，才能织起保护困境儿童的社会网络，防范监护侵害、支持困境儿童。

（二）加强学校法治教育

儿童在家庭和社会中可以直接接受的法治教育机会不多，特别是困境儿童，他们在家庭和社会中看到的与法律规范相悖的现象更多。因此，学校法治教育就成为包括困境儿童在内的所有儿童接受法治教育的重要阵地。因此，现阶段应以小学和初中分别编写和讲授《道德与法治》分册教材为契机，落实《青少年法治教育大纲》的要求，以宪法教育为核心，系统强化学校法治教育。将宪法的规定与生活中常见的社会事务结合起来，从学生的经验出发，引导学生对宪法地位和宪法精神的理解和认同，从而真正从内心认同法治，树立法治信仰，践行法治精神。注重法律知识向日常实践的延伸，强调法律知识的获得、公民素养的养成和法律的应用融会贯通。教材选择的案例尽量贴近学生生活，或直接从未成年人的案件中撷取素材，引导学生在社会生活中依法维护自身权利，参与社会公共事务，培养公共精神。注重以良法善治传导正确的价值导向，把法律的约束力量、底线意识与道德教育的感化力量紧密结合，使学生理解法治的道德底蕴，牢固树立诚信观念、契约精神，尊崇公序良俗，从而实现法治的育人功能。结合教材建设和法治课程开设，还要进行有针对性的具体教育，特别是预防犯罪教育、预防性侵害教育和尊重自己及他人名誉的教育。

1. 开展预防犯罪教育

我国《预防未成年人犯罪法》第 7 条规定："教育行政部门、学校应当将预防犯罪的教育作为法制教育的内容纳入学校教育教学计划，结合常见多发的未成年人犯罪，对不同年龄的未成年人进行有针对性的预防犯罪教育。"2017 年 12 月 4 日，教育部正式实施《义务教育学校管理标准》特别强调促进公平提高质量、免受欺凌，建立和完善学校、家庭、社会"三位一体"的儿童法制教育网络，开展以生活技能和自护、自救技能为基础的安全与健康教育。广东省在全面推进"法律进校园"方面成效显著。其做法是：确保各中小学校的法制工作做到计划、课时、教材、师资"四落实"；培养儿童的安全意识，提升他们的应急避险能力，团省委组织社区青年志愿者为社区儿童提供校园周边警戒护卫、社区重要地段安全守护、"四点半快乐学堂"等志愿服务，提高儿童的自我保护意识；进一步加强学校安全教育和安全防范工作，指导各学校加强安全教育、法治教育、禁毒教育、心理健康教育等学生自我保护相关专题教育。广东省镇级以上中小学基本上配备了由公安民警和司法人员担任的副校长，佛山市各中小学法制副校长包括了公安民警、检察官、法官、司法行政工作人员和律师，推行以案释法制度。①

2. 开展预防性侵害教育

在校园性侵害中儿童容易成为受害者，与性侵害发生后儿童对被侵害事实隐忍的原因之一在于儿童自我性保护的意识严重缺乏。在对儿童的教育中，学校和家长对性的问题绝大多数采取回避态度，导致儿童对身体、性的认识不清，因此在面临侵害的时候缺乏自我性保护的意识，不懂得分辨教师的行为何为适当、何为侵犯自己应当拒绝，或者知道被侵犯，却不知道如何保护自己。性教育必须成为校园法制教育的重要内容。

3. 开展尊重自己和他人名誉的教育

名誉权是公民要求社会和他人对自己的人格尊严给予尊重的权利。"校园欺凌主要发生在青少年，它不是过分的玩笑。校园欺凌有时候可能很残忍，要多用法治思维，法治方式，校园欺凌才能得到解决。"② 凝炼维护人格尊严的校园法治文化。"旁观者的道德冷漠"助长了欺凌者的嚣张气焰和跋扈快感。旁观者的"道德盲视"客观上成为欺凌的"帮凶"或"从犯"。学校要加强对欺凌者的管束，对那些喜欢旁观欺凌的青少年，也要加强必要的道德与法制教育。无以规矩不成方圆，学校需要制定"规矩"来规范学生的行为。如果学生确实违反了规定，学校就要给予一定的教育和必要的处罚。

法学界一直关注言论自由与名誉权之间的博弈，并把名誉侵权分为文本侵权和口头侵权两类。然而，发生在校园中的基于日常的和网络的儿童间的名誉侵权却从未被重视。"儿童"作为侵犯儿童名誉权

---

① 黄立：《未成年人保护实证研究—以广东省为样本》，法律出版社 2014 年版，第 3 页。

② 《教育部部长陈宝生出席十二届全国人大五次会议记者会，就"教育改革发展"的相关问题回答中外记者提问》，《中国教育报》2017 年 3 月 14 日第 1 版。

益的侵害人被忽视了。发生在校园中的"扒衣""裸照"上传视频事件频频发生，使得校园霸陵的目标从身体上的摧残上升到精神上的摧毁，使得被欺凌者"无处躲藏"和"隐瞒"，给被欺凌者造成了极端的伤害。2020 年 3 月 1 日国家互联网信息办公室发布的《网络信息内容生态治理规定》正式施行。其中"关于网络信息内容禁止传播"的规定共 11 条，包含"散布谣言，扰乱经济秩序和社会秩序的""侮辱或者诽谤他人，侵害他人名誉、隐私和其他合法权益的"等内容。

"网络暴力"是指人们利用互联网做出针对个人或群体的恶意、重复、敌意的伤害行为。"网络暴力"已经成为侵犯儿童名誉权，导致受害人不堪重负结束生命的最主要危害之一。不侮辱，诽谤，泄露他人隐私。侮辱是指用语言（包括书面和口头）或行动，公然损害他人人格、毁坏他人名誉的行为。如用大字报、小字报、漫画或极其下流，肮脏的语言等形式辱骂、嘲讽他人、使他人的心灵蒙受耻辱等。诽谤是指捏造并散布某些虚假的事实，破坏他人名誉的行为。如毫无根据或捕风捉影地捏造他人作风不好，并四处张扬、损坏他人名誉，使他人精神受到很大痛苦。

媒体守望社会，社会更需要监督媒体和自媒体，不能让媒体（包括自媒体）暴力通过侮辱、诽谤的形式侵犯儿童的名誉权，实施精神暴力。自媒体的言论自由尺度在哪里，如何确认为诽谤；如何在有效监管自媒体的同时，保障自媒体言论的自由、维护自媒体自身权益？学者建议借鉴美国新闻司法中"实际恶意"原则对于我国现阶段网络信息环境进行治理。① 每一个学生在学校中都是"公众人物"，维护学生名誉与维护学生尊严是一致的。学生要有维护自己的名誉权

---

① 原平方，梁欣彤：《"实际恶意"原则在自媒体传播治理中的应用》，《媒体与法治》2020 年第 9 期。

的意识，明确当自己的名誉权受到侵害时有权要求侵权人或请求人民法院责令侵权人停止侵害、恢复名誉、消除影响、赔礼道歉，并可以要求精神损害赔偿。即便是侵害人是教师或是同学也要运用法律手段维护自己的名誉权。同时，要懂得要求别人尊重自己的名誉之前，自己要爱惜和尊重自己的名誉，还要学会尊重他人的名誉。"最要的保护是预防"，不做违反道德和法律的事，自觉尊重他人的人格尊严，不取笑别人的外貌、衣着、说话方式和动作，不应他人起侮辱性绰号，更歧视身体或智力上有缺陷的人。懂得故意给别人取不雅的绰号，不分场合随意喊别人的绰号，其实质是取笑别人，是一种不尊重人的表现，侵犯了别人的人格尊严。

三　社会保障为法治文化提供物质性支持①

在法律实效政策模式里，政策的指向作用引导着人们对法律规范的适用和遵守。人们主动接受政策的指引，遵守与之相匹配的法律规范，使法律规范产生效力，取得法律实效。（困境儿童政策、留守儿童政策、幼儿园侵害政策、师德政策）在法律实效政策模式下，政策对人们如何遵守法律规范具有支配影响，人们是根据政策对人们的指引、导向作用以及人们对政策的倾向度判断是否应当遵守法律规范；该模式下的研究范围，即人们遵守法律规范的根据的政策对人的作用是否符合人们的内在要求，政策的价值观要与法律规范所具有的价值观相一致。在政策的作用影响下，法律规范除取得法律实效外，也取得政策实效。

（一）扶持家庭

《国务院关于加强困境儿童保障工作的意见》规定"保障困境儿

---

① 李洪波：《实现中的权利：困境儿童社会保障政策研究》，《求是学刊》2017年第2期。

童的基本生活"。对于法定抚养人有抚养能力但家庭经济困难的儿童，符合最低生活保障条件的纳入保障范围并适当提高救助水平。对于遭遇突发性、紧迫性、临时性基本生活困难家庭的儿童，按规定实施临时救助时要适当提高对儿童的救助水平。对于困难的重病、重残儿童，城乡居民基本医疗保险和大病保险给予适当倾斜，医疗救助对符合条件的适当提高报销比例和封顶线。对于家庭经济困难儿童，落实教育资助政策和义务教育阶段"两免一补"政策。

《预防未成年人犯罪法》第 19 条规定："未成年人的父母或者其他监护人，不得让不满 16 周岁的未成年人脱离监护单独居住。""海南万宁小学校长开房事件""安徽潜山小学校长性侵案"等校园性侵害案被媒体曝光后，社会舆论哗然，以留守儿童为代表的困境儿童所遭遇的生存危机和"熟人侵害"，使困境儿童人格权益的法律保护问题上升到一个要求法律必须做出回应的焦点问题。《我国农村留守儿童、城乡流动儿童状况研究报告》指出我国农村留守儿童已经超过 6000 万；民政部 2016 年统计的 16 周岁以下、双亲均外出的留守儿童 903 万。留守儿童不等同于家庭经济困难儿童，他们中很大一部分经济上并不贫困，但是由于缺乏父母的关爱和有效的监护，他们的安全、教育和生活仍然堪忧，在心理上甚至弱于生活在父母身边的贫困家庭的子女，他们是事实上的"困境儿童"。解决留守儿童问题最直接的方式就是促进子女随迁，因此，流入地政府为农民工随迁子女提供积极的社会服务，帮助儿童和父母生活在一起，是留守儿童社会福利的重要体现。在不能随迁之前，谁来监护留守儿童？除了隔代监护、亲戚寄养以外，还有许多未满 16 周岁就独自居住的留守儿童，这是《预防未成年人犯罪法》第 19 条明确禁止的。县乡政府及村民委员会应当介入留守儿童的监护工作中，为他们提供支持性服务。

（二）替代性监护①

社会保障包括社区的特别关注。"南京两女童饿死案"的凶手被判处无期徒刑，然而，在悲剧发生之前，社区干部已经了解到这个家庭的困境，但是，对困境的救助仅仅局限在送米、送生活物品的层面上。对于两个幼儿，社区干部和群众仅仅是"同情"，没有采取任何积极的报告和干预。两个幼儿饿死的悲剧是其父母监护侵害造成的，但是缺乏邻里守望、社区互助的法治生态也是悲剧没能被遏制的重要原因。身处监护缺失或监护不力家庭中的儿童，常常是事实上的无人照顾儿童，本案中的两个幼儿只是遭受家庭暴力或严重忽视的困境儿童中的一员。同样被家庭成员虐待和忽视不能得到及时发现和救助的儿童需要得到国家监护，而国家监护的直接表现就是社区的关注和照拂。因此，社区需要被授予更多的权力和物质资源，发动社会群众邻里守望，同时协调福利机构，对不依法履行监护责任或滥用监护权对儿童虐待、严重忽视的父母或其他监护人进行监督，通过强制报告制度对特殊家庭中的儿童抚养进行干预。

《民法通则》（1987）、《未成年人保护法》（1991）、修订后的《未成年人保护法》（2006）都规定了撤销监护人资格制度，但由于缺乏具体细则几乎没有被执行。2015年1月实施的由最高人民法院、最高人民检察院、公安部、民政部《关于依法处理监护人侵害未成年人权益行为若干问题的意见》，为保护困境儿童人格权益，加强困境儿童的行政保护和司法保护，确保困境儿童得到妥善监护照料，就处理监护人侵害未成年人权益的监护侵害行为做出了规定，通过10条具体条款明确规范了撤销监护人资格制度，"儿童法"保护困境儿童人格权益实效将得以显现，替代性监护制度为核心的社会保障是使

---

① 李洪波：《实现中的权利：困境儿童社会保障政策研究》，《求是学刊》2017年第2期。

撤销监护人资格制度落实的基本保证。尽管《关于依法处理监护人侵害未成年人权益行为若干问题的意见》在撤销监护人资格案件的受理、审理等方面做出了比较明确的规定，但公安机关的全面调查、应急处置，民政部门的临时安置、教育辅导、调查评估、集体会商、提起撤销监护人资格诉讼，检察机关的法律监督以及对虐待案件提起诉讼等制度，在工作中如何具体落实，亟需出台更具体的操作性文件。

（三）法律援助与教育救助

我国法律援助制度对困境儿童的关注仍远远不够，按照《中华人民共和国法律援助条例》第16条规定，申请人为无民事行为能力或限制民事行为能力人的，由其法定代理人代为提出申请。但困境儿童往往容易受到家庭内部虐待、忽视、遗弃等非法的对待，在监护人本身侵犯困境儿童权益的情况下，法律援助难以开展。我国法律援助制度'重诉讼、轻非诉'，但困境儿童大多数需要的并不是诉讼援助，而是国家政策咨询、代办相关社会保险、代办国家救助申请手续等活动，目前我国法律援助在困境儿童救助和保障中能发挥的作用有限，需要法律援助工作者和社会工作者共同合作，进行"非诉"援助。

根据《社会救助暂行办法》规定，国家对在义务教育阶段就学的最低生活保障家庭成员、特困供养人员，给予教育救助。教育救助根据不同教育阶段需求，采取减免相关费用、发放助学金、给予生活补助、安排勤工助学等方式实施，保障教育救助对象基本学习、生活需求。

受教育是儿童过上自由而有尊严生活的前提，受教育权是宪法赋予公民的权利，法律没有规定儿童因为受过刑事处罚就限制或剥夺其受教育权，刑事处罚对14—18周岁的儿童曾经的过错已经给予了惩罚，但是刑满释放后的他们并不因此就与其他儿童不同，他们和其他儿童一样需要学校和社会的关心和爱护。

《预防未成年人犯罪法》第48条规定："依法免予刑事处罚、判处非监禁刑罚、判处刑罚宣告缓刑、假释或者刑罚执行完毕的未成年人，在复学、升学、就业等方面与其他未成年人享有同等权利，任何单位和个人不得歧视。"在学校在预防未成年人犯罪中处于重要位置。要加强未成年人犯罪的教育。《预防未成年人犯罪法》第 6 条规定："对未成年人应当加强思想、道德、法制和爱国主义、集体主义、社会主义教育。对于达到义务教育年龄的未成年人，在进行上述教育的同时，应当进行预防犯罪的教育。预防未成年人犯罪的教育的目的，是增强未成年人的法制观念，使未成年人懂得违法和犯罪行为对个人、家庭、社会造成的危害，违法和犯罪行为应当承担的法律责任，树立遵纪守法和防范违法犯罪的意识。"第 7 条规定"教育行政部门、学校应当将预防犯罪的教育作为法制教育的内容纳入学校教育教学计划，结合常见多发的未成年人犯罪，对不同年龄的未成年人进行有针对性的预防犯罪教育。"第 8 条规定"司法行政部门、教育行政部门、共产主义青年团、少年先锋队应当结合实际，组织、举办展览会、报告会、演讲会等多种形式的预防未成年人犯罪的法制宣传活动。学校应当结合实际举办以预防未成年人犯罪的教育为主要内容的活动。教育行政部门应当将预防未成年人犯罪教育的工作效果作为考核学校工作的一项重要内容。"第 9 条规定"学校应当聘任从事法制教育的专职或者兼职教师。学校根据条件可以聘请校外法律辅导员。"

（四）社会工作参与未成年人司法保护体系建设

司法保护是未成年人权益维护和犯罪预防工作的重要组成部分，社会支持体系不完善已经成为影响"罪错儿童"司法保护成效的重要桎梏。① 2018 年 2 月，最高人民检察院与共青团中央会签订《关于构建未成年人检察工作社会支持合作框架协议》，明确了合作重

---

① 席小华：《两部门合作推进社会工作参与未成年人司法保护体系建设》，《中国社会工作》2019 年第 1 期。

点，即完善未成年人司法保护、加强青少年法治宣传和犯罪预防、强化未成年人权益保护、推动完善相关法律和政策。依此协议，各级共青团培育扶持青少年司法类社会工作服务机构，建设专业社会工作队伍，协助开展附条件不起诉考察帮教、社会调查、合适成年人到场等工作；要借助社会力量，解决涉罪未成年人、有严重不良行为未成年人、未成年被害人及民事案件未成年当事人帮教维权方面的实际困难，建构困境儿童人格权益保护的法治生态。

本章小结

　　遵循法治建设的内在逻辑，制定"良法"是开端，但困境儿童人格权益的法律保护不能停留在"良法"阶段，更要转变为现实的对困境儿童人格权益保护的实际改善。因此，法律实效就是需要密切关注的问题。法律实效关注的重点是法律运行的实际状况和效果。依据凯尔森的相关论述，"法律实效"描述的是人们按照法律规范规定的行为那样去行动，即法律规范实际上被人们适用和服从，人们对法律规范实际遵守和适用。对困境儿童人格权益的法律保护，首先是针对困境儿童人格权益侵害的新问题完善以《未成年人保护法》为核心的儿童权益保护体系，完善困境儿童家庭保护、学校保护、国家监护等方面的法律规范；同时，构建困境儿童人格权益保护的法治生态，即从法治文化建设入手建构困境儿童人格权益保护的法治生态。

　　法律规范是在人们的遵守下被适用和贯彻的，只有被遵守的法律才能发生法律效力，才有可能取得法律实效。为此，为了提高法律实效必须理清那些影响人们遵守法律规范的因素，即那些调整人们社会行为和社会关系的社会规范。这些社会规范如政策、习俗、道德等，它们对人们的行为选择同样具有控制性，能够产生规范效力。政策、习俗、道德等社会规范是我国法治社会建设的基础，它们制约着人们对法律制度体系的认同，是法治生态建设的重要组成部分，是人们守法的社会基础。我国儿童法律制度相对完整，制定了以《未成年人保护法》《预防未成年人犯罪法》《义务教育法》《收养法》为核心的儿童保护法律体系。同时，不断完善少年法庭，使包括立法机构、执法机构、司法机构、法治职业共同体等在内的法治体制不断完善。如何在司法公正的前提下提升"司法效率"，是法律事务工作的重要问题之一，法律的生命在于施行，但"施行"不等同于"司法"，更重要的是通过形成"共识"使"规范内化"，进而"守法"，实现权利的行使和义务的履行。

以王利明教授为代表的一批民法学研究者主张在《民法典》的编纂中把"人格权"独立成编。因为自《民法通则》开始，我国民事立法历来重视通过积极确权模式保护人格权，《民法通则》虽然也通过积极确权模式保护人格权，但并没有对各项人格权内容、效力等作出规定，只是对人格权进行了初步确权。① 困境儿童人格权的法律保护必须从完善法律规范开始，建立以《未成年人保护法》为核心的儿童人格权益保护体系，"从消极保护到积极确权"。相关法律的缺失、模糊和滞后，社会综合治理的短期性，学校管理职责的疏漏，家长法律和安全意识的淡漠，共同造成了困境儿童生命健康权、名誉权、隐私权为核心的人格权益的法律保护的困局。困境儿童基于原生家庭的劣势需要在成长中不断改善，然而冲击社会道德底线的极端事件时有发生，成长中困境儿童仍面临着生命、健康、名誉、隐私为代表的非商品化人格利益的毁损，使得他们改变原生状态无望。为此，在保障儿童权益的法律体系逐步健全的当下，构建困境儿童人格权益的法治生态是决胜全面建成小康社会的必然要求。

---

① 王利明：《人格权：从消极保护到积极确权》，《甘肃社会科学》2018年第1期。

结　　论

　　儿童一直被认为是家庭的产物，所谓"出身"就反映出儿童的命运最初是由其出生的家庭决定的，是否可以更好的生存、发展、受保护是由其家庭决定的，国家本对此不承担义务。然而，有一些儿童"不幸"出生在"不利"的家庭中，这些家庭或贫困、或解体、或存在暴力、或残缺，于是就出现了需要国家直接照顾的困境儿童。2016年6月，国务院发布《关于加强困境儿童保障工作的意见》，首次以"困境儿童"代替了"处境不利儿童"和"弱势儿童"。困境儿童面临着一般儿童不曾遭遇的生命健康以及隐私和名誉的损害。他们遭遇到监护侵害、校园暴力，在遭遇意外伤害的同时受到"二次伤害"，隐私被窥探和曝光，被恶意侮辱和诽谤，名誉感被忽视。生命健康权、隐私权、名誉权作为具体人格权在《民法总则》中得到认可，成为儿童人格权益保护的先导性内容。对儿童来说，"尊严"和"生命"同样重要，同样需要成人和同伴的呵护，这也正是本书选择研究"困境儿童人格权益的法律保护"的原因。"困境儿童"需要作为独立的特殊主体来研究，不能淹没在"儿童"的大概念中；还需要打破另一个误区，即把困境儿童的权益保护划分到与老年人保护、弱势人群保护的社会问题中去，从而使儿童与成人问题的特殊性淹没掉。党的十九届四中全会审议通过的《中共中央关于坚持和完善中国特色社会主义制度推进国家治理体系和治理能力现代化若干重大问题的决定》再次强调了"法治思维"，要求"各级党和国家机关以及领导干部要带头尊法学法守法用法，提高运用法治思维和法治方式深化改革、推动发展、化解矛盾、维护稳定、应对风险的能力。"①

　　儿童的自由和尊严不容侵犯。本书对儿童人格权益的基础性理论进行了铺垫，对困境儿童的定义以及法律关注下的儿童人格权益内容进行了梳理，论述了儿童权利国际保护的基本原则并在分析"儿童利益最大化"原则实现路径的基础上，提出"困境儿童生存保障是国家的最低核心义务"，对我国儿童福利框架进行了简单地分析，进而以"儿童的生命健康不能被忽视""'秘密'是儿童社会化的开端"和"名誉权是儿童尊严的体现"，引出中心问题，即从生命健康权、隐私权、名誉权保护的视角分析困境儿童人格权益的法律保护。基于"儿童是成长中的人"的理念，本书分别从监护不力对儿童生命健康权的侵害、媒体滥用表达自由对困境儿童名誉权的侵害和教育与保护遮蔽下的困境儿童隐私权侵害 3 个角度，结合具体案例进行描述和分析，揭示我国困境儿童人格权保护问题已经迫在眉睫，而法律作为却不尽人意的现实。在分析我国困境儿童人格权益保护现实的基础上，借鉴国外相关法律制度，试图在比较后进行迁移。在分析儿童人格权冲突与调节的基础上，分析儿童人格权益保护的特殊性，主张"刑事司法恢复性正义的民事司法迁移"，具体阐述了人格权请求权的适用，提出法治生态是提升困境儿童人格权益法律保护实效的重要保障。

　　在本书撰写的过程中，我国儿童权益保护法律法规不断完善。

---

　　① 《中共中央关于坚持和完善中国特色社会主义制度 推进国家治理体系和治理能力现代化若干重大问题的决定》，《人民日报》2019 年 11 月 6 日第 1 版。

2015 年 1 月实施的《关于依法处理监护人侵害未成年人权益行为若干问题的意见》把父母或者其他监护人性侵害、出卖、遗弃、虐待、暴力伤害儿童，教唆、利用儿童实施违法犯罪行为，胁迫、诱骗、利用儿童乞讨，以及不履行监护职责严重危害儿童身心健康等行为，界定为"监护侵害行为"。生命权和健康权作为人类最基本的自然权利，从罗马时期就得到人们的关注，并获得法律的特殊保护。现代社会生命、身体和健康仍是人格权益的基础，是讨论困境儿童人格权益保护的基础。儿童应当是幸福的，他们本应被成人社会保护、关爱，但是却有一些儿童正在遭遇家庭的变故和学校中的欺凌，父母、老师和同学不能给予他们关爱，甚至成了伤害他们的人。《关于依法处理监护人侵害未成年人权益行为若干问题的意见》和《反家庭暴力法》提出以将儿童"带离家庭"的"撤销监护人资格"主张，如何能使"撤销监护人资格"具有法律实效？针对这些问题，本书提出了通过儿童福利制度建构国家监护体系的主张。国家需要伸出"看得见的手"，保护遭遇暴力和欺凌中的儿童。我国政府正致力于完善"困境儿童分类保障制度"，顺应世界各国人格权保护趋势，加强国家监护制度。《关于依法处理监护人侵害未成年人权益行为若干问题的意见》明确"处理监护侵害行为，应当遵循儿童最大利益原则，充分考虑儿童身心特点和人格尊严，给予儿童特殊、优先保护。"表明我国对困境儿童的人格权益保护进入实质性阶段。

为儿童保守秘密、尊重儿童的隐私是成人世界给予儿童的积极关怀。康德在《伦理学讲义》说"被告知一个秘密就像被赐予一份礼物。"《民法总则》确认隐私权，1991 年颁布的《未成年人保护法》就要求"任何组织和个人不得披露未成年人的个人隐私。"但是，侵犯儿童隐私权的现象却从没有停止过，常常使儿童陷入更深层次的"困境"。在法律体系不断完善的过程中，法治文化首先要被接受，儿童隐私权才可能得以保护。"从成长视角来看待儿童。我们应该把儿童真正当作一个人、一个与自己平等的人来看待。"不打扰、妨碍儿童的正常生活，维护儿童的生活安宁是成人对儿童的最好爱护。如法国儿童心理学家、儿童权利倡导者弗朗索瓦兹·多尔多（Françoise Dolto）所言："我们对儿童没有任何权力，只有爱心和责任。"① 在儿童权益的司法保护中，要求对儿童的犯罪记录封存，对作为被害者的儿童的身份信息不对外公开等等，这是相对成年人而言，对儿童隐私权的特殊保护。儿童隐私权的特殊性表现在"与言论自由的抗制中，较之成年人的隐私权，儿童隐私权有显著的扩张。"② 作为宪法基本权利的言论自由权须在和儿童隐私权冲突时"克减"。儿童的隐私权保护体现在家庭内、学校里、社会中和司法上，总之，只有在尊重人权的法治文化的滋养下，困境儿童的隐私权才能从法律权利上升到现实权利。

我国《民法典》是全面建成小康社会的一个标志性法治成果，是实现中华民族伟大复兴的一块文明基石，是人类法律制度文明史的又一伟大创造。《民法典》第 109 条宣示"自然人的人身自由、人格尊严受法律保护。"人格权作为重要的民事权利类型，必然指向国家的相应义务，国家与儿童构成人格权的基本权利义务关系。儿童人格权益的实现需要家庭、社会和国家相应条件的提供，它们均是儿童人格权益实现的义务主体，任何一方都没有不作为的权利。当前，我国困境儿童的以发展权为核心的基本权利在从法律权利向现实权利转变的过程中遇到了"保障性"障碍。我国困境儿童社会保障政策在演进的过程中，不断克服儿童权利受"亲权"制约的价值观念，但依然坚守"家庭是儿童生存和发展的最好场所"的理念。在国家为困

---

① ［法］弗朗索瓦兹·多尔多：《孩子出生以后》，余婷婷译，广西师范大学出版社 2018 年版，第 17 页。

② 高维俭：《论少年特别隐私权——一项源于刑事法领域的拓展研究》，《贵州民族大学学报（哲学社会科学版）》2015 年第 3 期。

境儿童提供保护性生活条件，提供经济救助、教育支持、替代监护的基础上，通过增强家庭的"保护力"来促进"家庭尽责"，进而增加儿童的福祉。人格权益区别于其他民事权利的最根本的特征就是对自由、平等、尊严等人格利益的维护。因此，无论是物质性人格权益还是精神性人格权益，一旦被损害，就无法真正还原到权利被损害之前的状态，所以在人格权请求权中设置损害填补请求权、防止侵害请求权就非常必要。法社会学的法律实效的研究逐渐淡化国家的作用，正如奥地利法学家欧根·埃利希（Eugen Ehrlich）所言，"法律的重心不在立法，也不在司法，而在于社会本身"，即与国家对法律的影响相比，社会生活和社会文化才是法律实现的真正动力，是法律实效的最重要的影响因素。"公序良俗"原则是民法的基本原则之一，它由"公共秩序"和"善良风俗"两个概念构成。事实上"善良风俗"作为社会全体成员普遍认可、遵循的道德准则，在以自由和尊严为核心的人格权益的保护中，起着无须"讼"的规范意义，它是法治文化建设的题中之义。我国《精神损害赔偿司法解释》第 1 条第 2 款规定："违反社会公共利益、社会公德侵害他人隐私或者其他人格利益，受害人以侵权为由向人民法院起诉请求赔偿精神损害的，人民法院应当依法予以受理。"《民法典》"总则"对此做出了回应，第 8 条规定"民事主体从事民事活动，不得违反法律，不得违背公序良俗"；第 10 条规定"处理民事纠纷，应当依照法律；法律没有规定的，可以适用习惯，但是不得违背公序良俗。"这些规定彰显了《民法典》的法理定位，如有学者表述的那样，"民法典是社会生活的百科全书""民法典是市场经济的基本法律""民法典是经国序民的良法重器""民法典是人民主体的权利宝典"。①

　　对困境儿童人格权益的法律保护是有效遏制青少年犯罪、维护安

---

　　① 郭晔：《中国民法典的法理定位》，《东方法学》2020 年第 6 期。

定团结的社会秩序的重要保证。本书对困境儿童人格权益保护的研究愿为引玉之砖以吸引更多的法学研究者关注困境儿童问题。但是由于学术能力有限，对很多问题没能更透彻地阐释，主要关注的是以遭遇监护侵害的儿童为代表的家庭不利儿童，而没有涉及到残疾儿童等先天困境儿童。在未来的研究中，会进一步完善研究内容，使研究对儿童发展更具有贡献力。

参考文献

著作类

陈绚：《新闻道德与法规教程》，中国大百科全书出版社 2005 年版。

曹诗权：《未成年人监护制度研究》，中国政法大学出版社 2004 年版。

陈朝璧：《罗马法原理》，法律出版社 2006 年版。

陈苇：《外国婚姻家庭法比较研究》，群众出版社 2006 年版。

费孝通：《乡土中国·生育制度》，北京大学出版社 1998 年版。

付子堂：《法社会学新阶》，中国人民大学出版社 2014 年版。

郭宇昭：《社会主义法的基本理论》，中国人民大学出版社 1993
    年版。

高留志：《扶养制度研究》，法律出版社 2006 年版。

何珊君：《法社会学》，北京大学出版社 2013 年版。

黄立等：《未成年人保护实证研究——以广东省为样本》，法律出版
    社 2014 年版。

龙显铭：《私法上人格权之保护》，中华书局 1948 年版。

林诚二：《民法理论与问题研究》，中国政法大学出版社 2000 年版。

李双元等：《比较民法学》，武汉大学出版社 1998 年版。

李双元等：《儿童权利的国际法律保护》，人民法院出版社 2004

年版。

李永军：《民事权利体系研究》，中国政法大学出版社 2008 年版。

李秀华：《妇女婚姻家庭法律地位实证研究》，知识产权出版社 2004
年版。

李忠芳：《新婚姻法释义》，中共党史出版社 2001 年版。

柳华文：《儿童权利与法律保护》，上海人民出版 2009 年版。

梁慧星：《中国民法典草案建议稿附理由·侵权行为编·继承编》，
法律出版社 2004 年版。

梁慧星：《民法总论》，法律出版社 1996 年版。

吕光：《大众传播与法律》，台北：商务印书馆 1981 年版。

马俊驹：《人格和人格权理论讲稿》，法律出版社 2009 年版。

齐爱民：《个人资料保护法原理及其跨国流通法律问题研究》，武汉
大学出版社 2004 年版。

全国妇联国际部：《联合国妇女儿童重要文件汇编》，中国妇女出版
社 2008 年版。

眭鸿明：《权利确认与民法机理》，法律出版社 2003 年版。

尚晓援等：《中国儿童福利前沿》，社会科学文献出版社 2011 年版。

孙云晓等：《当代未成年人法律译丛》，中国检察出版社 2005 年版。

孙若军：《身份权与人格权冲突的法律问题研究》，中国人民大学出
版社 2013 年版。

焦富勇等：《儿童虐待预防与处理》，人民卫生出版社 2010 年版。

贾淼：《人格权益法研究（总论）》，中国政法大学出版社 2014
年版。

王利明等：《民法学》（第三版），法律出版社 2011 年版。

王利明：《民法典体系研究》，中国人民大学出版社 2008 年版。

王利明等：《人格权与新闻侵权》，中国方正出版社 1995 年版。

王利明：《人格权法研究》（第二版），中国人民大学出版社 2012

年版。

王利明等：《侵权行为法》，法律出版社 1996 年版。

王利明：《中国民法典草案建议稿及说明》，中国法制出版社 2004 年版。

王利明：《中国民法典草案建议稿及立法理由·侵权行为编》，法律出版社 2005 年版。

王歌雅：《中国婚姻伦理嬗变研究》，中国社会科学出版社 2008 年版。

王歌雅：《扶养与监护纠纷的法律救济》，法律出版社 2001 年版。

王秋香：《农村"留守儿童"社会化的困境与对策》，西南交通大学出版社 2008 年版。

王秀哲：《隐私权的宪法保护》，社会科学文献出版社 2007 年版。

王雪梅：《儿童福利论》，社会科学文献出版社 2014 年版。

王泽鉴：《民法学说与判例研究》，中国政法大学出版社 1998 年版。

王泽鉴：《法律思维与民法实例》，中国政法大学出版社 2001 年版。

王泽鉴：《民法总则》，中国政法大学出版社 2001 年版。

王泽鉴：《民法思维—请求权基础理论体系》，北京大学出版社 2009 年版。

吴用：《儿童监护国际私法问题研究》，对外经济贸易大学出版社 2009 年版。

徐国栋：《人性论与市民法》，法律出版社 2009 年版。

徐国栋：《绿色民法典草案》，社会科学文献出版社 2003 年版。

徐显明：《法理学教程》，中国政法大学出版社 1994 年版。

徐昕：《论私力救济》，中国政法大学出版社 2005 年版。

夏勇：《人权概念起源》，中国政法大学出版社 2001 年版。

夏勇：《中国民权哲学》，生活·读书·新知三联书店 2004 年版。

夏吟兰等：《婚姻家庭法前沿》，社会科学文献出版社 2010 年版。

夏吟兰：《美国现代婚姻家庭制度》，中国政法大学出版社 1999
　　年版。

杨立新：《人格权法》，法律出版社 2011 年版。

杨立新：《人身权法论》，中国检察出版社 1996 年版。

杨成铭：《人权法学》，中国方正出版社 2004 年版。

余汉仪：《儿童虐待：现象检视与问题反思》，台北：巨流图书公司
　　1995 年版。

张文显：《法哲学范畴研究》，中国政法大学出版社 2001 年版。

张文显：《法理学》，高等教育出版社 1999 年版。

张新宝：《隐私权的法律保护》，群众出版社 2004 年版。

张新宝：《名誉权的法律保护》，中国政法大学出版社 1997 年版。

张鸿巍：《儿童福利法论》，中国民主法制出版社 2012 年版。

张明楷：《刑法学》，法律出版社 2011 年版。

张鸿霞等：《网络环境下隐私权的法律保护研究》，中国政法大学出
　　版社 2013 年版。

张甘妹：《犯罪学》，台北：汉林出版社 1983 年版。

郑云瑞：《民法总论》（第四版），北京大学出版社 2011 年版。

祝铭山：《名誉权纠纷》，中国法制出版社 2003 年版。

译著类

［英］A. J. M 米尔恩：《人的权利与人的多样性——人权哲学》，夏勇
　　等译，中国大百科全书出版社 1995 年版。

［英］约翰·密尔：《论自由》，许宝骙译，商务印书馆 1959 年版。

［法］卢梭：《社会契约论》，何兆武译，商务印书馆 2003 年版。

［法］弗朗索瓦兹·多尔多：《孩子出生以后》，余婷婷译，广西师范
　　大学出版社 2018 年版。

［法］托克维尔：《论美国的民主》，董果良译，商务印书馆 1995

年版。

[法] 孟德斯鸠:《论法的精神》，张雁深译，商务印书馆 1961 年版。

[美] 列奥·施特劳斯:《自然权利与历史》，彭刚译，生活·读书·新知三联书店 2003 年版。

[美] 贝思·辛格:《可操作的权利》，上海人民出版社 2005 年版。

[美] 安东尼·刘易斯:《批评官员的尺度:〈纽约时报〉诉警察局长沙利文案》，何帆译，北京大学出版社 2011 年版。

[美] 穆瑞·罗斯巴德:《自由的伦理》，吕炳斌等译，复旦大学出版社 2008 年版。

[美] 戴维·迈尔斯:《社会心理学》（第 8 版），张智勇等译，人民邮电出版社 2006 年版。

[美] 路易斯·布兰代斯:《隐私权》，宦盛奎译，北京大学出版社 2014 年版。

[美] 罗斯科·庞德:《法理学》，邓正来译，中国政法大学出版社 2004 年版。

[德] 卡尔·拉伦茨:《德国民法通论》，王晓晔等译，法律出版社 2003 年版。

[德] 尼采:《论道德的谱系》，周红译，生活·读书·新知三联书店 1992 年版。

[日] 五十岚清:《人格权法》，铃木贤等译，北京大学出版社 2009 年版。

[加] 马克思·范梅南、[荷] 巴斯·莱维林:《儿童的秘密—秘密、隐私和自我的重新认识》，陈慧黠译，教育科学出版社 2014 年版。

[奥] 尤根·埃里希:《法律社会学基本原理》，叶名怡等译，九州出版社 2007 年版。

[奥] 凯尔森:《法与国家的一般理论》，沈宗灵译，商务印书馆

2013 年版。

期刊论文

陈堂发：《批评意见表达的法规范问题》，《国际新闻界》2010 年第
12 期。

陈爱武：《家事诉讼与儿童利益保护》，《北方法学》2016 年第 6 期。

曹险峰：《在权利与法益之间——对侵权行为客体的解读》，《当代法
学》2005 年第 4 期。

高圣平：《比较法视野下人格权的发展—以美国隐私权为例》，《法商
研究》2012 年第 1 期。

宫秀丽：《从受保护权利到自主权利—西方儿童权利研究的理念与实
践》，《青少年犯罪问题》2016 年第 2 期。

广州大学人权理论研究课题组：《中国特色社会主义人权理论体系论
纲》，《法学研究》2015 年第 2 期。

高维俭等：《论少年特别隐私权——一项源于刑事法领域的拓展研究》，
《贵州民族大学学报》（哲学社会科学版）2015 年第 3 期。

郭晔：《中国民法典的法理定位》，《东方法学》2020 年第 6 期。

韩蕊等：《国际校园欺凌防治：趋势与经验》，《当代教育科学》2019
年第 10 期。

耿申：《警惕网络欺凌来袭》，《教育科学研究》2019 年第 10 期。

郭宁华：《改革开放 40 年我国未成年人权益法律保护的沿革与展
望》，《少年儿童研究》2019 年第 10 期。

黄向阳，（美）埃利奥特·阿伦森：《不让一个孩子受伤害—校园欺
凌与暴力的根源干预》，《教育研究》2019 年第 12 期。

胡巧绒：《美国儿童虐待法律保护体系介绍及对我国的启示》，《青少
年犯罪问题》2011 年第 5 期。

姜战军：《中、英名誉权特殊抗辩事由评价、比较与中国法的完善—

兼评英国〈诽谤法案 2013〉对名誉权侵权抗辩事由改革》，《比较法研究》2015 年第 3 期。

李环：《建立儿童虐待的预防和干预机制——从法律和社会福利的角度》，《青年研究》2007 年第 4 期。

梁兴国：《单位规章对法律实效之影响》，《政法论坛》2006 年第 5 期。

刘作翔：《权利冲突：一个应该重视的法律现象—权利冲突典型案例分析》，《法学》2002 年第 3 期。

佟丽华：《监护侵害处理意见：激活"沉睡的制度"》，《中国青年社会科学》，2015 年第 5 期。

满小欧等：《美国儿童福利政策变革与儿童保护制度——从"自由放"到"回归家庭"》，《国家行政学院学报》2014 年第 2 期。

彭诚信等：《现代监护理念下监护与行为能力关系的重构》，《法学研究》2019 年第 4 期。

彭斌：《社会和解何以可能？——以恢复性正义为视角的分析》，《学术交流》2012 年第 9 期。

孙宪忠：《民法典总则编"法律行为"一章学者建议稿的编写说明》，《法学研究》2015 年第 6 期。

孙蓓等：《美国中小学教师干预校园欺凌计划的分析与启示》，《教师教育研究》2020 年第 2 期。

桑玲：《保护"未成年人隐私"迫在眉睫》，《宁夏教育》2006 年第 5 期。

王泽鉴：《人格权的具体化及其保护范围·隐私权篇（上）》，《比较法研究》2008 年第 6 期。

王泽鉴：《人格权的具体化及其保护范围·隐私权篇（中）》，《比较法研究》2009 年第 2 期。

王泽鉴：《人格权的具体化及其保护范围·隐私权篇（下）》，《比较法研究》2009 年第 10 期。

王利明:《隐私权概念的再界定》,《法学家》2012 年第 1 期。

王利明:《论人格权独立成编的理由》,《法学评论》2017 年第 6 期。

王军等:《英国法上的名誉权保护》,《法学杂志》2008 年第 2 期。

汪庆华:《名誉权、言论自由和宪法抗辩》,《政法论坛》2008 年第
　　1 期。

吴鹏飞等:《我国近二十年来儿童权利理论研究述评》,《江西青年职
　　业学院学报》2011 年第 4 期。

吴鹏飞:《中国儿童权利理论研究综述》,《东吴法学》2012 年第
　　1 期。

王强军:《虐童女教师涉罪行为的法理解析》,《检察日报》2012 年
　　11 月 2 日第 3 版。

刑璐:《德国网络言论自由保护与立法规制及其对我国的启示》,《德
　　国研究》2006 年第 3 期。

许维素:《对儿童虐待研究分析的综述》,《社会心理科学》2004 年
　　第 2 期。

解永照等:《从规范到事实:效力和实效的纠结——以纯粹法理论为
　　研究背景》,《山东警察学院学报》2013 年第 4 期。

解维克:《从独立请求权出发的人格权法律保护》,《法学杂志》2015
　　年第 7 期。

徐国栋:《人格权制度历史沿革考》,《法治与社会》2008 年第 1 期。

徐国栋:《论民事屈从关系——以菲尔麦命题为中心》,《中国法学》
　　2011 年第 5 期。

徐国栋:《普通法中的国家亲权制度及其罗马法根源》,《甘肃社会科
　　学》2010 年第 1 期。

郜伟明:《论英国隐私法的最新转向》,《比较法研究》2013 年第
　　3 期。

闫然：《从民法典人格权编看我国人格权保障的宪法实施》，《中国人大》2020 年第 6 期。

杨立新等：《论人格权请求权》，《法学研究》2003 年第 6 期。

杨立新：《对民法典规定人格权法重大争论的理性思考》，《中国法律评论》2016 年第 1 期。

杨立新：《民法典婚姻家庭编完善我国亲属制度的成果与司法操作》，《清华法学》2020 年第 3 期。

尹田：《论一般人格权》，《法律科学》2002 年第 4 期。

俞伟跃等：《何为学生欺凌？何为校园暴力？》，《人民教育》2017 年第 8 期。

苑明亮等：《亲社会名声与亲社会行为》，《心理科学进展》2016 年第 10 期。

原平方等：《"实际恶意"原则在自媒体传播治理中的应用》，《媒体与法治》2020 年第 9 期。

颜湘颖等：《"宽容而不纵容"的校园欺凌治理机制研究——中小学校园欺凌现象的法学思考》，《中国教育学刊》2017 年第 1 期。

张杨：《西方儿童权利保护论与解放论之争议与调和》，《青少年犯罪问题》2014 年第 1 期。

张福娟等：《国外残疾儿童虐待研究与预防》，《青少年犯罪问题》2009 年第 2 期。

曾巧玲等：《我们的关系是"亲密有间"——推荐〈儿童的秘密：秘密、隐私和自我的重新认识〉》，《少年儿童研究》2016 年第 9 期。

郑信军：《国外儿童虐待的心理学研究评述》，《中国特殊教育》2006 年第 11 期。

郑震：《空间：一个社会学的概念》，《社会学研究》2010 年第 5 期。

张新宝：《新闻（媒体）侵权"否认说"》，《中国法学》2008 年第

6 期。

朱广新：《监护监督制度的立法构建》，《苏州大学学报（法学版）》2020 年第 1 期。

学位论文类

陈铁楠：《儿童权利保护法理问题研究》，硕士学位论文，辽宁师范大学 2013 年。

李海新：《公民表达权及其保障研究》，博士学位论文，武汉大学 2011 年。

栾辉：《新闻自由与隐私权的冲突与救济》，硕士学位论文，黑龙江大学 2011 年。

李洪祥：《我国民法典亲属法编立法构建研究》，博士学位论文，吉林大学 2013 年。

王盛雅：《论名誉权的民法保护——兼论英美法的借鉴可能性》，硕士学位论文，山东大学 2014 年。

吴鹏飞：《嗷嗷待哺：儿童权利的一般理论与中国实践》，博士学位论文，苏州大学 2013 年。

闻琪：《儿童隐私权研究》，硕士学位论文，黑龙江大学 2012 年。

王娟：《隐私权的类型化研究》，博士学位论文，中国人民大学 2012 年。

国外文献

Allen L. Anita, "Protecting One's Own Privacy in a Big Data Economy", *Harvard Law Review Forum* 130. 2(2016):71-78.

Bill Kovach and Tom Rosenstiel, *The Elements of Journalism: What Newspeople Should Know and the Public Should Expect*, New York: Crown Publishers, 2001.

Christian List and Philip Pettit, *Group Agency: the Possibility, Design and Status of Corporate Agents*, New York: Oxford University Press, 2011.

Daniel J. Solove and Paul M. Schwartz, *Information Privacy Law* (3rd Edition), Amsterdam: Wolters Kluwer, 2009.

David A. Anderson, "Reputation, Compensation and Proof", *William and Mary Law Review* 25. 1(1984):747-778.

David Runciman, *Pluralism and the Personality of the State*, Cambridge City: Cambridge University Press, 2005.

Douglas Hodgson, "The Child's Rights to Life: Survival and Development", *The International Journal of Children's Rights* 2. 4(1994): 369-393.

Dworkin R, *Sovereign Virtue: The Theory and Practice of Equality*, Cambridge, Mass: Harvard University Press, 2000.

Gert Brüggemeier, Aurelia Colombi Ciacchi and Patrick O'Callaghan, *Personality Rights in European Tort Law*, Cambridge City: Cambridge University Press, 2010.

Isaacs J. et al, *Kids Share* 2013: *Federal Expenditures on Children in* 2012 *and Future Projections*, Washington DC: Urban Institute, 2013.

John J. Watkins, "The Demise of the Public Figure Doctrine", *Journal of Communication* 27. 3(1977):47-53.

Judith Jarvis Thomson, "The Right to Privacy", *Philosophy and Public Affairs* 4. 4(1975):295-314.

Julie C. Inness, *Privacy, Intimacy and Isolation*, New York: Oxford University Press, 1992.

Kelsen, *The Pure Theory of Law*, Berkeley: transl. M. Knight, 1967.

Kimberly A. McCabe, *Child Abuse and the Criminal Justice System*, New York: Peter Lang Publishing, 2003.

Lenard Thomas M., "Big Data, Privacy and the Familiar Solutions", *Journal of Law*, *Economics& Policy* 11. 1(2015):1–31.

Michael Freeman, "Children's Health and Children's Rights", *The International Journal of Children's Rights* 13. 1(2005):1–10.

Michael Henry, *International Privacy*, *Publicity and Personality Laws*, London: Butterworths Press, 2001.

Rawls J, *A Theory of Justice*, Cambridge, Mass: The Belknap Press of Harvard University Press, 1971.

Richard F. Hixson, *Privacy in a Public Society*, New York: Oxford University Press, 1987.

Richard G. Turkington and Anita L. Allen, *Privacy (2nd Edition)*, New York: West Group, 2002.

Samantha Brennan and Robert Noggle, "The Moral Status of Children: Children's Rights, Parents' Rights and Family Justice", *Social Theory and Practice* 23. 1(1997):1–26.

Scott. J. Shackelford, "Fragile Merchandise: A Comparative Analysis of the Privacy Rights for Public Figures", *American Business Law Journal* 49. 1(2012):125–208.

Sen A, *The Idea of Justice*, Cambridge, Mass: Harvard University Press, 2009.

William Prosser, "Privacy", *California Law Review* 48. 3(1960):383–423.

致　　谢

人生也就那么几件意义重大而且刻骨铭心的事情，工作上抑或生活中，成功也好失败也罢，关键就那么几步，总会引发你感想、感动和感恩。之所以说它重要，是因为它会使你的生活在某一个瞬间显得波澜壮阔，余下的时间也会久久回味。人生大都如此。人到中年的我，客观地讲，经历过不少世事的磨炼和敲打，早已能够做到荣辱不惊。但是，当我如履薄冰、战战兢兢完成博士学位论文，内心还是惶恐不安，思绪激动久久不能平静。

一方水土养一方人。我本科、硕士、博士都在黑龙江大学法学院学习，是个土生土长的黑大法律人。这是我的精神家园。我很热爱她。严格地说，黑龙江大学还不是名校，但黑龙江大学的法学却名声在外，尤其是民商法学团队在学界是被大家公认的。在《继承法》修订和《民法典》编撰等立法和修法中，都有"龙江话语"，发出"龙江声音"。我有幸在黑龙江大学法学院这座充满学人智慧和法律人思维的北方法学研究重镇，呼吸着自由、平等和博爱的空气。人都说名师出高徒，我算不上高徒，但我的老师是名师。我师从著名民法学家、中国民法学会副会长杨震教授，先生是我学业的导师，人生的典范，影响我的一生。我的每一个进步都离不开恩师的教诲。除杨先生外，教导和指导过我的还有，票据法研究知名专家董惠江教授，中国婚姻家庭法学会副会长王歌雅教授，冉冉升起的学术之星年轻的申建平教授，见解独到的孙毅教授，流淌着清华学统血液的陈彦晶教授。感恩老师们一直以来对我深入的指导和广泛的支持，甚至偏爱。这足以让攻读博士学位的我始终没有被放任自流和任其野蛮生长。吾爱真理吾更爱吾师。

张扬的是精神，沉思的是学问。我还算血气方刚，上进的心和满腔热血是有的，然腹内经纶不足，学理积淀不扎实，涉猎法学研究恍入浩瀚海洋，犹如一叶孤舟飘荡不定，始终不能乘风破浪。唯一支撑我的，是拼命地读书。孟德斯鸠说过，"我不知道什么苦闷是通过一小时的读书不能排遣的"。我的博士学位论文是我几年来学习和研究的心血，但它如襁褓里的婴儿那样不能称之为成熟。这都是因本人才疏学浅所致。文中好多地方没说清没说透，仍需学界批评指正，这也是我以后继续深入研究的起点和动力。此时心情正如海伦·凯勒《假如给我三天光明》说的那般相似，我要透过"灵魂之窗"看到那些鼓励我继续下去的善良、温厚与心怀感动的人们；我要在黎明起身，求知若渴，去领悟知识的神奇。吾将上下而求索。

"每一个不曾起舞的日子，都是对生命的辜负"，尼采的名言不间断地在耳畔激励着我负重前行。尽管始终步履蹒跚，但依然目光坚定。我一直在路上，从未放弃过努力，不敢有丝毫懈怠和停歇。岁月静好，人生壮美。有幸，陪伴我的是，不离不弃、为了爱甘愿无私奉献的妻子周佳教授，还有宅心仁厚、学业上笨拙却从不言弃、努力上进的儿子李嘉图。感谢你们，感恩生活。你们安好，便是晴天。

在本书撰写过程中，来自我的工作单位杭州师范大学马克思主义学院的老师们对初稿提出了非常宝贵意见和建议，在此表示感谢。感谢中国社会科学出版社许琳编辑为本书出版付出的努力。

李洪波

2021 年 1 月 3 日

杭州师范大学恕园